上海第二工业大学老教授风采

（第一辑）

"上海第二工业大学老教授风采丛书"编委会　主编

上海大学出版社
·上海·

图书在版编目(CIP)数据

上海第二工业大学老教授风采.第一辑/"上海第二工业大学老教授风采丛书"编委会主编.—上海：上海大学出版社,2018.2
（上海第二工业大学老教授风采丛书）
ISBN 978-7-81118-498-3

Ⅰ.①上… Ⅱ.①上… Ⅲ.①教授—生平事迹—上海—现代 Ⅳ.①K825.46

中国版本图书馆CIP数据核字（2018）第033483号

责任编辑　王　聪
助理编辑　时英英
封面设计　倪天辰
技术编辑　金　鑫　章　斐

上海第二工业大学老教授风采（第一辑）

"上海第二工业大学老教授风采丛书"编委会　主编
上海大学出版社出版发行
（上海市上大路99号　邮政编码200444）
（http://www.press.shu.edu.cn　发行热线021-66135112）
出版人　戴骏豪

＊

南京展望文化发展有限公司排版
上海华业装潢印刷有限公司印刷　各地新华书店经销
开本710mm×1000mm　1/16　印张10.25　字数147千字
2018年2月第1版　2018年2月第1次印刷
ISBN 978-7-81118-498-3/K·176　定价：68.00元

"上海第二工业大学老教授风采丛书"
编 委 会

编委会主任：徐佩莉
编委会副主任：沙梦麟　黄为民
编委会成员：王济生　严治俊　倪天祥
　　　　　　陈敏超　陈慧华　张丽娟
　　　　　　章仁龙　曹镇荣　翟祖华

序

党的十九大报告中提出"落实立德树人根本任务，发展素质教育""加强师德师风建设，培养高素质教师队伍"的重要任务。教授是大学的支柱，是学校声誉的载体，更是莘莘学子的引路人。要培养德智体美全面发展的社会主义建设者和接班人，就必须建设好一支学高身正、教书育人的师资队伍。

上海第二工业大学近60年的发展史是一部自强不息、艰苦奋斗、不懈进取的历史，为培养时代所需要的知识型高技能创新人才，构建多层次高等技术和职业教育"立交桥"作出了重要贡献。老教授们担当起了在学校艰苦创业、半工半读的红旗；自强拼搏，争当成人教育的排头兵；求索进取，发展高等职业教育的使命者。他们在学校发展的历次跨越中展示了风采，因为他们，学校被誉为劳动模范的摇篮、发明家的园地和高级技术人才深造的平台。他们胸怀报国为民的理想追求，遵循我国高等教育的发展方向，尽为师之责、明为师之道、建为师之功，为紧跟国家发展战略和人才需求，探索以高等职业教育为导向，"产教融合""校企合作"培养应用型技术人才的特色之路，历经艰难，呕心沥血。他们秉承为人师表、教书育人的师德师风，用自己的真才实学和人格魅力在授业解惑中"引人以大道、启人以大智"，将一批批青年学生培养成为国家栋梁之才。我校的老教授们或以解决生产一线的疑难杂症，实践操作能力见著；或以学术研究见长，以科研开发建功；或辛勤服务管理，敬业精心育才；或勇于开拓学生创新精神，取得丰硕成果；或崇尚老有所为，倾心发挥余热……他们是学校各个发展阶段的开拓者、耕耘者、奉献者、创造者，他们是上海，乃至中国高等职业教育发展历史的见证人。尽管老教授们陆续退休，但他们留下的大学精神、校园文化和丰富经验弥足珍贵，建立的宝贵业绩造福世人。

为了展示老教授的教育成果、园丁风采，促进我校师德师风和校园育人文化建设，我校老教授协会编委会决定出版"上海第二工业大学老教授风采丛书"。编委会邀请记者，以纪实手法、通讯形式报道老教授们在教学、科研、管理等诸方面作出的贡献和成果，记载他们的理想信念、道德情操和扎实功底，展示他们对培养应用型人才的高度责任感和执着追求。他们以真才实学和人格魅力在履行立德树人、思想引领、知识传播和技能传授使命中留下的一行行足迹、一串串硕果，让广大读者，尤其是年轻师生，感悟到了职业教育的价值、创新的真谛、成才的动力和育人的快乐。

在期盼中，记载了13位老教授教学、科研、管理的不凡故事和心路历程的《上海第二工业大学老教授风采（第一辑）》与大家见面了。这些老教授们经历了学校初创和发展阶段，直接参与了具有基础性而又极富挑战性和探索性的高等职业教育实践，亲身感受了来自生产一线的先进技术骨干、劳模学生的刻苦学习、乐于创新、勤于发明的新型学风。岁月折射出前辈的创新特质、执著品格、敬业教风。难忘历程，再现可敬可亲的老教授风采：教室里，师生们理论结合实践，热烈探讨提高产品质量方案；车间里，师生埋头钻研技术革新，齐心攻克生产难关；学生家里、病床旁，经常看到老师登门辅导的身影……众多荣誉记载着师长厚生、厚德、厚技的情结。相信《上海第二工业大学老教授风采（第一辑）》会为全校师生所珍视，成为我校宝贵的精神财富。愿她激励您、鼓舞您，伴您成才、成功。

当前，全校正在认真学习贯彻落实党的十九大精神，以习近平新时代中国特色社会主义思想为指导，按照"稳中求进、内涵发展"的要求，深化综合改革，推进依法治校，全面从严治党。我们衷心祝愿学校在践行十九大提出的"建设知识型、技能型、创新型劳动者大军，弘扬劳模精神和工匠精神，营造劳动光荣的社会风尚和精益求精的敬业风气"中再创辉煌。衷心期待我校老教授协会在市老教授协会和校党政班子的领导和关怀下，不忘初心，牢记使命，践行老有所学，拓展老有所为，提升老有所乐，开创新时代共创、共建、共享美好生活的协会工作新局面。衷心祝福老教授们安康快乐！

徐佩莉
上海第二工业大学第一届老教授协会会长

目 录

闵淑芬：呕心沥血创办"弄堂大学"的教育家 / 2
....江跃中
    大学走上革命之路 >>>>> 2
    受命创办"弄堂大学" >>>>> 4
    脚踏实地真抓实干 >>>>> 7
    改革探索成效明显 >>>>> 9
    古稀之年再创辉煌 >>>>> 12

汤佩铮：我的理想我的梦 / 16
....予 彤
    热血少女，年仅13岁的地下党员 >>>>> 16
    理想主义的高校教师 >>>>> 19
    因需施教，参与教学改革 >>>>> 21
    科研工作，理论和实践相结合 >>>>> 23

陈林：悬崖壁上的参天大树 / 29
....丁言昭
    从少先队员到共青团员 >>>>> 29
    从实验员到研究员 >>>>> 30
    从普通党员到党委书记 >>>>> 33
    从党委书记到慈善培训中心主任 >>>>> 37

和谐家庭 >>>>> 37
发挥余热 >>>>> 38

江庚和：从电力工程到电子学 / 41
....唐蓓茗

少年始知愁滋味 >>>>> 41
接受苏联式教育 >>>>> 42
从电力转行电子 >>>>> 44
终于成行的出访 >>>>> 45
两项研发结硕果 >>>>> 47
提携后进求共荣 >>>>> 48

郭维芹：为发电机绝缘故障号脉的人 / 53
....胡　辉

做创新人才 >>>>> 53
一切从实际出发，为发电机开处方 >>>>> 55
一位科研专家的"中国梦" >>>>> 58

何守才：走在时代前列的"创新不老松" / 64
....吴苡婷

来自安徽的寒门学子 >>>>> 65
把目光投到了"数据库"方向 >>>>> 67
促进数据库技术发展 >>>>> 68
幸福快乐的"创新不老松" >>>>> 71

唐国春：一万米高空是晴天 / 75
....胡　辉

"歪打正着"读数学 >>>>> 75

二工大的五十年岁月 >>>>> 76
一万米高空是晴天 >>>>> 79
我已经离不开数学了 >>>>> 81

李念祖：五十春秋抒写"教"和"研" / 86
·················· 李汉琳

从"发烧"到立志报考复旦数学系 >>>>> 86
从"积累"到奠定教学研究的基础 >>>>> 87
从"启迪"到图论研究的飞跃 >>>>> 88
从数学到金融学、经济学的转行 >>>>> 91
从"上课"到引导学生创新思维的训练 >>>>> 92
从"理解"到支持他一路走下去 >>>>> 94

乔世民：桃李不言，下自成蹊 / 98
·················· 郑楚荣

活的历史，生动的故事 >>>>> 98
辉煌的过去，骄人的业绩 >>>>> 100
心系教育事业，为教育事业献身 >>>>> 105

陈益康：教书育人，师者风范 / 109
·················· 詹 静

为学求学科研结硕果 >>>>> 109
教书育人受学生爱戴 >>>>> 112
回归故里再续钻研路 >>>>> 114
老马奋蹄矢志赴千里 >>>>> 115
坦荡为人谦逊扶后辈 >>>>> 117

沈永鹤：他从车间里一路走来 / 119
··· 予 彤

从"航模爱好者"到"技术能手" >>>>> 120
重圆"大学梦" >>>>> 121
得心应手的"双师型"人才 >>>>> 123
因材施教的"麻烦"教授 >>>>> 125
课题研究，是学术更是爱好 >>>>> 127

蒋世弟：何其有幸，我这辈子当了老师 / 132
··· 张文菁

顺风顺水读书郎 >>>>> 132
下乡锻炼受磨炼 >>>>> 133
初执教鞭上讲台 >>>>> 134
能力培养最重要 >>>>> 136
因材施教求创新 >>>>> 137
桃李天下成果丰 >>>>> 138
感恩学校与时代 >>>>> 139

薛祖德：治学为师，谦而载誉 / 143
··· 詹 静

淡然处世　自有丘壑 >>>>> 143
求学问道　双校情结 >>>>> 144
立于学术　授以真知 >>>>> 146
乐在教学　耕耘其田 >>>>> 147
冀望后学　砥砺而行 >>>>> 149

教授感言：

在我心底里，"教师"是最神圣、最光荣的职业，我将一辈子为之奋斗！

闵淑芬，1918年12月生，浙江湖州人，1943年5月加入中国共产党。1943年6月上海交通大学理学院毕业，理学士，副研究员。

1943年9月到1944年5月，在上海沪江大学附中任教师（期间组织南洋化工社并担任负责人，组织工余联谊社兼任理事）。1944年5月到1950年3月先后在大统被单厂、太乙调味粉厂以工务主任作为掩护身份，任中共上海市地下科技支部委员及科技社团党组成员，从事团结组织青年科技人员的工作，组建"中国技术协会"并任副会长。

1950年5月任国营上海第五印染厂军代表、厂长，国营上海第一印染厂厂长、党委委员。1960年6月起，历任上海市业余工业大学副校长、校长、党委副书记、上海第二工业大学顾问、上海职工高等教育研究室主任等职。

1950年起历任上海市第一至五届、第七届市人大代表。上海市科协第一届委员，全国自然科学工作代表会议代表。1954年至1957年任上海第一届市人民委员。1950年至1966年任上海市妇联委员。1977年任全国妇联第三届委员。1977年12月连任市政协第五、六届委员。1978年10月当选为中国工会第九次大会代表。1985年11月离休。

呕心沥血创办"弄堂大学"的教育家

人民教育家陶行知先生对学校校长下过这样一个"定义":"一个校长是一所学校的灵魂,校长的教育思想决定一所学校的发展方向;校长的决策,决定一个学校的前途命运;校长的人文情怀塑造一所学校的文化。"

在上海第二工业大学(以下简称"二工大")诞生、成长的岁月中,就有一位校长,如陶行知先生所说的那样,由于她的身先士卒、率先垂范、白手起家、艰苦创业,不断改革、创新进取,她带领广大师生创办、发展的这所学校,走出了一条工学结合、产学合作具有鲜明办学特色的道路,在全国率先树起了半工半读的一面红旗,学校被誉为"成人教育的排头兵""企业家深造的园地""劳模的摇篮"等,为培养既有理论水平、又有丰富实践经验的生产技术骨干和各级管理干部,作出了突出贡献。

这位校长,就是闵淑芬。从"弄堂大学"到"劳模摇篮",闵淑芬在二工大的25年,是呕心沥血的25年,是奉献才智的25年,更是奋斗求索的25年。

大学走上革命之路

1999年是中华人民共和国成立50周年,也是上海解放50周年。作为一名在抗日战争年代共产党教育下觉醒过来、投向革命的经历者,离休干部闵淑芬在一篇回忆文章中动情地写道:"旧中国,中华民族灾难深重,帝国主义的入侵,封建主义的迫害,军阀的混战,国民党勾结帝国主义反共反人民。广大人民饥寒交迫,颠沛流离,加上日寇入侵,大块国土沦亡。

沦陷区人民横遭残暴杀戮，尤其是妇女同胞，受尽蹂躏凌辱，更是惨不忍睹，无法忍受。"

当时，正在上海交通大学读书的闵淑芬，和许多爱国青年一样，在彷徨苦闷中，忧虑国家的前途，思考个人的出路。她和几位思想接近的同学，通过看进步书报，读马列著作，看"草棚棚电影"，被八路军新四军在抗日前线英勇奋战日寇的事迹所感动，也了解到苏联革命和反法西斯顽强斗争的情况，这使得他们热爱中国共产党，坚定了反法西斯战争的信心，并且懂得了"没有民族的解放，哪有国家的振兴，哪有妇女的平等和个人的前途"的道理。

在党的教育培养下，1943年初，25岁的女大学生闵淑芬，加入了中国共产党。从此她便有了明确的目标、努力的方向和坚强的领导，开始走上了革命的人生之路。

1943年6月，闵淑芬从上海交通大学理学院毕业，同年9月，她来到上海沪江大学附中担任教师。与教育事业结缘的人生，就是从那时候开始的。

在白色恐怖年代，闵淑芬冒着生命危险，开展党的地下工作。上级党组织的工作指示精神是"隐蔽精干、长期埋伏、积蓄力量、以待时机"，任务是把当时上海各条战线热爱科技、有正义感、爱国的、有进步要求的众多青年科技知识分子团结起来，组织起来。在党的领导下，闵淑芬和同伴们以一个科技合作社团——工余联谊社为起点，开展团结科技青年知识分子联谊活动。

1944年5月至1950年3月，闵淑芬先后在大统被单厂、太乙调味粉厂任职，以工务主任作为掩护身份，开展革命斗争。党内她则是上海市地下科技支部委员及科技社团党组成员。为了适应新的形势发展需要，闵淑芬和她的同伴们改组建立"科技协会"，逐步在大中型企业、公用事业单位、私营企业以及科研单位，针对科技知识青年的特点、爱好以及苦闷，广泛开展了多种丰富多彩的学术活动和联谊活动，寓政治于学术，寓教育于生活，弘扬知识青年的爱国主义思想，增强科学事业心与团结意识，为中华人民共和国成立后的国家建设，储备了一批科技力量。

此外，闵淑芬还组织党员和积极分子，进行各种资料的收集和调查研究工作，为中华人民共和国后的接管工作和发展生产作准备，同时宣传组织群众进行护厂、反拆迁的工作，避免混乱与破坏。到中华人民共和国前夕，"科技协会"会员已达三千余人，上海解放后，他们在各条战线的党政领导下，为接管工作、恢复生产和发展生产，发挥了积极作用。

抗日战争胜利以后，在大后方的一批科技人员和爱国民主人士以及科技界知名人士纷纷返回上海，为了扩大"科技协会"的社会影响，促进爱国民主运动，闵淑芬利用她当时在私营厂所担任职务的有利条件，通过各种关系，一方面参加全国进步妇女团体和其他科技团体，另一方面争取团结了一大批科技界、知识界和实业界的上层知名人士，如胡厥文、吴蕴初、茅以升、赵祖康、任鸿隽、翁文灏、赵曾钰等人，为"科技协会"名誉理事和顾问，对"科技协会"起了掩护和促进作用。

受命创办"弄堂大学"

上海解放后，闵淑芬以军代表的身份，进驻当时闻名全市的上海十大红旗厂之一的上海印染一厂，后来担任了厂长。正当闵淑芬带领全厂职工埋头苦干，再创辉煌时，1960年4月，她接到了上海市人民政府的调令，调她去筹建上海市业余工业大学（上海第二工业大学前身），而且时间赶得很急，9月28日要开学，这样看来，完成的难度是相当高的。

但筹建上海市业余工业大学，在当时确属迫在眉睫。据曾经出任过二工大副校长的黄清云回忆，20世纪50年代末和60年代初，我国经济基础薄弱，普通高等教育的资源和规模十分有限，无法在短期内满足大规模经济建设对人才的迫切需求。另外，从有实践经验的工人中间培育人才，适时举办成人高等教育，采取"两条腿"走路的方式，共同培养急需人才，也是必然的选择。工厂职工也盼望"多学点文化"。市委召开工人工程师座谈会，工人们提出自己文化低，希望去学校念书，补习文化。

1960年4月29日，上海市委召开第十六次会议，通过了"办一个上海市业余工业大学"的决议，并决定成立由钟民（市总工会主席）、陈琳瑚（市教卫部副部长、市教育局局长）、马飞海（市教育局副局长）、马学成（市委工业部副部长）等21人组成的上海市业余教育委员会，负责筹建上海市业余工业大学的工作。"就是要通过办这个大学，尽快培养一批在岗的职工技能人才，促进经济建设快速发展。"黄清云解释道。

当时，上海市业余工业大学第一任校长由时任市总工会主席、后任市委书记的钟民同志兼任，闵淑芬为主持工作的副校长。重任在肩，闵淑芬没有犹豫，没有畏难，她告别了凝聚着她心血的工厂和火红的事业，以及企业的员工们，"回"到了曾经工作过的教育战线。

虽说是办大学，不过，闵淑芬面临的办学条件却是非常艰苦的：一无校舍、二无师资……领导层专职也就她一个"光杆司令"。"先上马后配鞍，条件可以慢慢改善，创办工作必须加快！"闵淑芬要求工作人员都"使出十足的干劲来"，为大学如期开学"拼一把"。闵淑芬带头冲在第一线，亲力亲为，她找市总工会协调，在四川中路270号一条弄堂里的一个工人宿舍里，安下了上海市业余工业大学的办公室，只有五六个小房间，摆设也很简陋，但大家都很满足，毕竟有校址了。故而，上海市业余工业大学也一度被称为"弄堂大学"。

为了尽快建校开学，学校初创时，采用总校和分校分级管理的体制，这样有利于在短时间内集中必需的教育资源，让学校得以很快上马，进入教学状态。分校成立，也不是一件简单的事情。闵淑芬一个区一个区地跑，完全靠公交车和两条腿。她还到各工业局、各区县，了解企业对人才的需要，争取各方的支持，累得病倒了，还坚持工作。

同样做过二工大校长的汤佩铮，讲起闵淑芬艰苦创业的故事来，如数家珍："闵校长当年从企业调过来时是一级厂长，收入比较高，到了学校，工资福利待遇大幅度下降，可她接到通知后，二话没说，也没有讲任何条件，就走马上任了。""学校生活条件差，闵校长平时就在食堂吃饭，从不搞特殊待遇，记得就是有一次来外宾，让食堂多做了几个简单的菜，算是招待客人了。""我最佩服闵校长的三实作风。一是深入实际。她总是亲自带队到一线作调查研究。办学稳定下来后，进一步开展教育改革，自己亲自带队组织教务室，解决了学校办学定位，培养目标的问题；二是脚踏实地。工作十分务实，一步一个脚印。她定期要听汇报，看进展，态度顶真。一手抓教育改革，一手抓课程建设，队伍建设。亲自带队去全国各地的重点大学和企业招兵买马，去迎接骨干教授。大胆招收重点大学因各种原因不敢用的，但是有真才实学的教师；三是讲究实效，真心实意为师生服务，认真总结经验，检查实际效果。"……

经过闵淑芬和大家连续几个月的奋战，学校"渐入佳境"，并于1960年8月部署招生工作，计划招收1 000人左右，学生报考条件是：政治觉悟高，生产骨干，具有初中毕业或相当于初中文化程度，工龄5年以上，年龄35岁以下。招生办法是：由各工厂企业报送，学校审核，参加考试后录取。学生学习期间的待遇：原工资照发，待遇不变，学杂费免缴。当时报送人数达2 600人。

同年9月28日，上海第一所成人高等学府——上海市业余工业大学，在大光明电影院举行首届开学典礼，首届学生共1 439人，其中从报送者中录取1 114人，从冶金矿山机械厂、力生机械厂、合成纤维厂、国棉一厂、上海电机厂、上海锅炉厂、上海广播器材厂、上海仪表厂、上海玻璃一厂9家工厂半工半读高级班转入的学生325人。共开出了十来个企业急需的专业，一大批从工人中涌现的劳动模范、工程师、技术革新闯将，终于有了学习深造的场所。

经统计，实际在校就读的学生共1 378人，其中党员占56%，团员占28%；市级全国先进生产者38人，工程师58人；在原单位任科室干部的占12.48%，技术人员占21.07%；其他则是班组长和生产一线技术工人。

9月28日，从此就成为二工大的校庆日。而闵淑芬，则把它当成了自己的第二个生日。

脚踏实地真抓实干

几天后的10月4日，学校正式开课。但各项教学设施简陋，甚至匮乏，杨浦分校上课的第一天，因为课桌椅不够，有的学生只能自带从别的地方"借"来的桌椅，有的学生干脆席地而坐听课。有的教学用具，还是教师自制的。

更让闵淑芬担忧的是师资力量的严重不足。引进优秀人才，培养青年教师，发挥骨干作用，成为她要解决的头等大事。闵淑芬到处寻觅，她主要从三个方面找人：刚刚自大学毕业的，企业的工程师，还有就是高校的老师。这还真让她挖到了不少学校急需的师资力量。

黄清云就是其中的一位。1961年8月，刚从上海师范大学毕业、才22岁的黄清云，来到学校报到，他是师范生，闵淑芬对他很信任，并寄予厚望："给你一个月时间备课，下个月就上讲台讲课。"面对闵校长期待的眼神，黄清云心里却没有底，他在师范大学学习期间，虽曾做过实习教师，但要在这么短的时间内完成备课任务，完全独立承担教学重任，毕竟是第一次，他觉得责任重、压力大。

闵淑芬鼓励他说："相信你可以的，有什么困难尽管讲，我们想办法解决！"在闵淑芬的全力支持下，黄清云夜以继日积极备课，9月学校一开学，他果然站到了讲台前，教的第一门课，即是黄清云在大学时读的物理专业。闵淑芬还专门去听了黄清云的课，对这位青年教师的表现非常满意。

一来就挑大梁，给黄清云很大的激励和鼓舞，课越讲越好。第二学期课上到一半，也就是在1962年的三四月份，闵淑芬又给黄清云压担子了。"闵校长让我准备开设一门新课，就是电工学。可这对我来说，无疑是一个新的挑战。"这批刚刚来的青年教师，无论是教学大纲、教材、习题集，还是实验指导书和实验器材都一无所有，教学经验也是一片空白，没有任何基础。"闵校长知道这门课很难，她说道，这门课对那些来学习的工友很有帮助，有了电工的技能，他们在岗位上能派多大的用场啊。她指出了开展工作的办法，还明确了目标。"这样，两个月里，在闵淑芬的指导下，黄清云走访了有关的高校、区业余大学和一些企业，了解了不同教材的特点，制订了适合本校特色的教学大纲，提出了各教学环节的初步设想。黄清云还到其他高校旁听了这门课程的整个教学过程，在实验室里把所有实验都动手做了一遍。电工学教学方案经过学校领导讨论后，闵淑芬拍板任命了当时23岁的黄清云担任电工学教研室主任，并派给他15个教研员，其中有刚从大学毕业的青年教师，也有从工厂调来的总工程师、工程师等。电工学课程开出来后，果然很受欢迎。

就这样，闵淑芬脚踏实地，真抓实干，一方面积极争取改善办学条件，建设一支专兼结合、理论与实践结合的师资队伍；一方面深入抓教学改革，努力提高教育质量。她率领教务处和机械专业的老师深入工厂，亲自动手搞调查研究，摸清企业对培养人才的实际需求和具体要求，对专业教学计划作整体的改革，使教学更符合生产实际、学员实际。她带领各专业教师切切实实地抓教改试点，亲自督促检查、组织交流。

业余工业大学的教与学，都在不长的时间内，有了很大的进展。1964年7月23日下午，时任党中央副主席、国家主席的刘少奇，在华东局上海市负责干部会议的讲话中，称赞上海市业余工业大学是全国"半工半读的一面红旗"。随后，高教部组织西安交大、浙江大学等全国13所大学的教师来该校调研、合作搞教改、进修和任教，将学校的办学成绩和经验予以充分肯定和推广。

1964年8月11日，上海市业余工业大学首届851名学生毕业，毕业典礼在市人民委员会大礼堂隆重举行，中央原定由刘少奇同志来沪出席这个毕业典礼，后因外事活动，刘少奇同志未能成行。中共上海市委第一书记陈丕显和上海市市长曹荻秋等市党政领导，各委、办、局负责人出席了典礼。《解放日报》在头版以"逐步推广半工半读的教育制度，培养能文能武的新型劳动者"的通栏标题和整版篇幅，对此进行了报道。还发表社论"新型的学校新型的人"，指出，上海市业余工业大学是一所新型的半工半读的大学，是培养又红又专、既能体力劳动又能脑力劳动的新型劳动者的大学。第一届毕业的800多个学生，原来都是只有初中文化程度的工人，经过4年的半工半读，他们已经达到大学毕业水平。这是党的教育方针的一个重大胜利，是毛泽东思想的一个重大胜利，是上海工业战线和教育战线上的一件大喜事。1965年，学校更名为"上海市半工半读工业大学"。

改革探索成效明显

"说二工大是'弄堂大学'，是因为创办初期学校的设施条件比一般人想象的要差。说'弄堂大学'里有广阔天地，是因为历届学校领导的办学指导思想十分明确，无论是老校长闵淑芬始终坚持的为企业培养专业技术人才的宗旨，还是"文革"后到任的党委书记赵丁夫一贯倡导的校企合作的人才培养路线，都引领着全校教职工在'弄堂大学'里走出了广阔的天地。"这是曾任二工大副校长的黄清云在他撰写的一本书《教育多样化》中的一段感言。

1984年学校更名为"上海第二工业大学"并一直沿用至今。二工大的历史并不长，但每一次校名的变化，都折射出当时时代的背景特点。

学校当时的定位是"从有经验的生产技术（管理）骨干中培养高级技术（管理）人才"，招收的学生都是有丰富实践经验的生产技术骨干，学习形式是每周占用12个小时工作时间，以后增加到16小时、24小时，学生不脱离生产，实行半工半读。面对这样的学生，教师如果对企业的情况不熟悉，对讲授的专业知识在企业的实际应用不甚了解，就会使教学与实践相脱离，就会与学生缺乏共同语言。因此，闵淑芬特别重视这个问题，不仅从企业抽调了一批有经验的工程技术人员到学校充实教学和实验室的师资力量，还明确要求讲课教师要半工半教，每周必须抽出一定时间到工厂去工作，增加对企业环境的感性认识，增加对知识在企业中实际应用的真实了解。

二工大在"文革"后迅速恢复办学，闵淑芬和学校其他领导遵循中央关于"教育必须为社会主义现代化建设服务，社会主义现代化建设必须依靠教育"的指导思想，坚持主动、直接、有效地为社会主义建设服务的办学方向，在专业结构、师资结构调整和教学管理制度化、规范化的基础上，进行了多方面的改革探索和试点，如与大中型企业的联合办学、以加强能力培养为目标的83级机械大专班试点、以适应成人在职业余学习为目标的卢湾分校83级学分制试点、1983年由长宁分校首行的专业证书教育试点、由管理系首创以改革招生制度优先录取骨干为目标的能力考试试点、举办劳动模范教学班、以学制改革加快骨干培养为目标的专本试点、举办全日制职业技术师范科班、专业结构调整、大力发展继续教育的探索，以及教学领域中精简课时、加强实践性环节、开展教学评估等一系列改革与探索，均取得了明显成效。

1985年，国务院学位委员会和国家教育委员会，同意二工大成为授予本科毕业生学士学位的试点单位。1989年，国务院学位委员会批准，二工大成为当时全国独立设置的成人高校唯一具备学士学位授予权的学校。闵淑芬等全校教职员工秉承求实、创新的校训，勇于实践、善于实践，不断为成人高等教育提供改革经验，被中央领导同志誉为"成人高等教育的排头兵"。

二工大从成立时起，是一所独立设置的市属成人高校，以培养有实践经验的生产技术骨干为己任，学校自身虽然没有行业和企业的背景，但学生基本上都来自企业、学校，从企业的生产技术骨干中获取生源。学校的老师经常下企业搞调研，与学生一起搞发明，了解用人单位的需要，了解生产技术的进步对学生知识结构要求的变化，针对企业需求优化教学计划。学生毕业设计项目大多是来自企业的真实需求，学生毕业后仍然回生产或管理岗位，这使学校与企业之间存在一种天然的联系。曾经担任二工大党委书记的刘全福，在谈及闵淑芬的办学理念时，总是啧啧称赞："在办学过程中，闵淑芬校长始终认为，要培养企业急需的技术、管理人才，学校必须主动地去贴近，了解企业对人才的实际需求状况，尤其是对人才规格的要求，才能有的放矢地组织教学；也只有与企业联合，发挥双方的优势，共同培养人才，才能培养出合乎企业需要的人才。"

在这样的教育理念和培养机制的作用下，二工大每年都有一批成人大学生以优异的学习成绩毕业，其中包括许多著名的全国劳动模范秦宝兴、房明珊、孟德和、丁杏清以及像赵定玉、郭维芹等一样的优秀人才。"文革"结束后,恢复办学的二工大,又培养出一批又一批国家急需之才,其中不乏像包起帆、李斌、李良园、郁竑、徐小平、李峰这样的优秀人才,他们深有体会道:"通过业余工大深造,如虎添翼。"

1980年12月11日的《人民日报》第3版的报道赞扬道:"上海市业余工业大学的事实说明,职工教育可以转化为现实的生产力,是发展生产不可忽视的一个重要问题。"

上海市业余工大自1960年创建以来,已为上海各工矿企业培养了大批各种专业的毕业生。闵淑芬校长告诉我们:学校对"文化大革命"前的三届毕业生进行了一次调查,共1 480多人,其中有1 200多人现已担任工程师、技师、技术人员或技术管理干部,成为工矿企业的一支技术骨干力量。这些年来,他们带头或参加完成的科研和技术革新项目共有5 000多项,其中包括用电子计算机控制的大型数控绘图机、数控铣镗床、快速镀镍新方法,以及安装在我国第一颗人造地球卫星上的电子琴,我国向太平洋首次发射运载火箭用的小型密封继电器等,有16项获国家颁发的科技奖,30项获得上海市科技奖。

2016年9月28日,一座由教学楼改建而成的"包起帆创新之路展示馆",在上海第二工业大学开馆,并对外开放。"从17岁上海白莲泾码头做装卸工时的工作证,到1978年上海市业余工业大学的成绩单和作业本,包起帆这个'抓斗大王'是如何炼成的?"他1968年参加工作,1981年从二工大大专毕业,1987年他发明的抓斗系列在日内瓦国际发明展上首获金奖;2015年,他再次在日内瓦一举获得3项金奖,不间断的发明创造,让国际同行惊诧于这个"谜一样"的中国发明家。曾任二工大校长的王式正告诉笔者,二工大建校57年来,已走出了包起帆、李斌、徐小平等130多位著名的劳动模范、优秀发明家,被社会誉为"劳模摇篮",在高校中主打劳模文化育人品牌,独树一帜。闵淑芬老校长功不可没。"她不仅为学校的发展奠定了坚实基础,也培育了我校真诚热情地为企业、为学员服务,以及教育与生产劳动相结合、理论与实践相结合的优良传统,培育了我校勤奋、自强、求实、创新的优良校风。"

教苑群星璀璨，校园玉兰芬芳。2009年，"新中国成立以来上海百位优秀女教师"评选揭晓，闵淑芬以91岁的高龄光荣入选，全校师生向闵淑芬老校长致以热烈祝贺与崇高敬意："我们一定会继承优良传统，全面推进学校在更高起点上的科学发展。"

古稀之年再创辉煌

"谁道人生无再少？门前溪水尚能西。"1983年9月，学校领导实现新老交替，闵淑芬不再做校长，改任学校顾问。1985年，已经67岁的闵淑芬离休了，离开她心爱的岗位，虽然有些不舍，但她没有为自己营造安享清福的晚年，也没有利用自己的社会联系、经验、威望谋取丰厚报酬。1985年6月16日，二工大校友会在虹桥分校成立，闵淑芬担任了会长。校友会在联络校友、扩大学校的社会联系和影响方面，起到了重要作用。1986年，她全身心地投入了新的事业——上海市退（离）休科技工作者协会，一直到1997年，她连续担任了三届该协会理事长。她用行动证明："人生有再少。"

接受这个位子时，协会属初创时期，会员才几十人，开展活动所需场地很少，经费也十分困难。闵淑芬和创办人员都未领取过任何报酬，她甚至还拿出自己工资，贴补协会各种活动所需的费用。她紧紧依靠一批热心为公众服务的老科技工作者，逐步建立了土建、电工电子、造船、机械、医学、药学、轻化、纺织等专业委员会，办起了"劲松土建设计事务所""通灵电话通信技术服务部""科发化工应用技术研究所""翻译服务中心""中雁通信工程公司""科技咨询服务部"等经济实体，为老科技工作者奉献聪明才智开辟了舞台，如为石洞口发电二厂高质量高效率翻译引进图纸3万张、资料300万字；为市卅万吨乙烯工程指挥部、科学会堂等数十个单位提供电话通信设计、安装、人员培训等一条龙服务；承担近百个重点咨询项目等。

有了经济实体提供的财力保障，协会广泛开展形势报告、新技术讲座、参观考察、医疗咨询、保健讲座及旅游、书画、花卉、集邮、桥牌等丰富多彩的活动,把协会真正办成了"老科技工作者之家",会员发展至将近万人。

闵淑芬在古稀之年继续无私奉献十余年,再创辉煌,到近80高龄时,才再次离岗。人虽离休,但她的心始终和学校紧相连,忧学校之忧,喜学校之喜。参加校庆40周年大会,她为学校的成就与发展激动得热泪盈眶;参加表彰先进会议,她为新一代二工大人的茁壮成长感到由衷的喜悦。每次参加学校的会议,她还是那样专注地倾听、认真地记录,总要问:我还能为学校做些什么?总爱对在职干部说,你们的担子重,要多保重身体。不论学校有什么事,她仍然是"招之即来,来之能战"。她陪同学校书记、校长找有关市领导以争取支持。上海解放50周年,她对青年师生讲述上海地下党如何团结,教育青年科技工作者为新中国准备科技力量,如何为迎接上海解放开展一系列斗争。她勉励年轻教师要担负起历史责任,力争培养一大批政治素质高、科技理论知识扎实、实践能力强、能适应经济和社会发展需要的人才为实现我国社会主义现代化贡献力量。

她年事虽高,依然重视学习,积极参加离休支部活动。市里组织对老干部的报告会,她都早早到场坐在前排以免耳背听不清楚。过组织生活,

新中国60年上海百位杰出女教师合影,前排右起第8位为闵淑芬

新中国60年上海百位杰出女教师表彰仪式暨风采展示活动现场

她从不无故缺席,而且十分认真。

　　作为一名离休老干部,闵淑芬的家有着良好的家风,她的老伴也曾是一名中共地下工作者,中华人民共和国成立后曾在上海市委统战部工作,离休前在上海市政协担任重要领导职务。两位革命人对孩子的家教非常严格,从不娇生惯养,这使得孩子从小在健康的家庭氛围中成长,成为国家栋梁之才。儿子谈起父母对自己的教育培养和全力支持,满怀感激之情,他说爸爸妈妈经常关照他的就是这一句话:要多报答党、报答国家!

　　"这就是我们的老校长,她理想信念常存,党员本色不变,艰苦奋斗,知难而进,深入实际,认真务实,淡泊名利,无私奉献。"这就是二工大全体师生,对闵淑芬一如既往的赞誉!

江跃中

教授感言：

人要有梦，要有追求。没有追求的人绝不会成功，没有追求的民族终将衰落。要把这种追求提升到理想信念的层面上来，并要终身为之奋斗。

汤佩铮，1932年12月出生于江苏省苏州市。1945年8月加入中国共产党。1949年考入大同大学化工系，之后担任该校党支部副书记、书记等职。1951年起任中共江宁区委组织员兼大同大学党支部书记。1952年院系调整参加筹建华东化工学院工作，后因工作需要调入中共江宁区委任学校教育科副科长、科长、教育卫生部副部长等职。1957年回华东化工学院复学。1960年毕业留校任助教兼教研室党支部书记。1962年调华东师范大学任助教兼化学系党总支委员、教师党支部书记。1964年6月调上海市业余工业大学任化工教研室副主任，闸北分校副校长等职。1982年2月后任上海第二工业大学教务处副处长、副校长、校长、党委委员等职。后期承担"七五"国家哲学社会科学重点课题"高中后教育模式研究"综合研究组组长等工作，该课题荣获中华人民共和国教育部"全国第二届教育科学优秀成果二等奖"。

我的理想我的梦

80多岁的汤佩铮身形清瘦,难以想象她貌似羸弱的身体里其实蕴含着巨大的能量。但如果你有机会听她娓娓道来,会发现她几十年的人生曲折而丰富,其中更是折射着中华民族几十年来的变迁史。和许多中国人一样,她的心中,一直有一个中国梦,她渴望"国家富强、民族振兴、人民幸福"。她一生,都在为实现这个梦而奋斗。

中华人民共和国成立前,汤佩铮曾是年仅13岁的学生地下党员,参加过学生运动,发动过学生罢课游行。中华人民共和国成立后,她成为勤奋苦读的大学生,毕业后一直奋战在教育和管理的一线,后致力于高中后教育模式、职业教育等课题研究。离休前,她担任上海第二工业大学校长,并被聘为高教研究员,为学校的发展贡献一己之力。按照她个人的话来说,她的人生,是追求理想,并为之奋斗的一生。

热血少女,年仅13岁的地下党员

汤佩铮生于1932年。父亲在她很小的时候就因为肺病过世了。父亲去世之后,家庭陷入困顿。母亲在纺织厂做女职员,但要一人拉扯3个孩子,日子过得仍然很艰难。哥哥姐姐们靠着兼职工作和奖学金,住读在学校。汤佩铮则跟着母亲生活在她工作的纺织工厂里。这段经历,使她较早地接触了社会,亲眼目睹了女工尤其是童工的悲惨生活,亲身体验了当时社会的不公和黑暗。

厂里从孤儿院里招了一批女工,年龄和她相仿。这些女孩子,工作时要站上板凳才能够到机器,稍有不慎就会遭到工头打骂,一天要工作12个小时。她们签的是"生死状",没有基本劳动保障。出了工伤事故,却没

汤佩铮与上海第二工业大学第一届化工系有机合成班学生合影

有医疗救助。有位女工，临终前最大的愿望就是吃一碗蛋炒饭。汤佩铮对这些生活无望的女工充满了同情。另外，她也发现，厂里有后台的人能够得到重用，而大学生被撂在一边。她虽然在求学，但毕业后出路何在？这些，都令她感到迷茫甚至绝望。

此时正值抗日战争的后期，上海乱象重生，普通民众基本的生存权都得不到保障。纺织厂附近有一个日本宪兵部，经常突然搞封锁，这些，都让人们生活在恐惧中。

抗战胜利后，民众对于和平的梦想又再次被内战打破。在这样的社会现实下，汤佩铮不得不积极思考个人和国家的前途。

汤佩铮姐姐的身边有不少共产党员，所以容易使汤佩铮接触到进步的思想，姐姐借给她一本《西行漫记》，这本书通过西方记者的视角，记录了当时的解放区和中国共产党人。汤佩铮兴奋地发现，原来在中国，还有这么一片充满光明和希望的新天地。十几岁的汤佩铮,从此开始阅读大量的进步书籍,她如饥似渴地学习,逐步确立了自己的信仰。1945年,经人介绍,她成为了一名年轻的地下党员,那时候她只是一名中学生,正在上海市立第一女中上学。汤佩铮的学业十分优秀,在同学中颇有公信力,这也是上级党组织对她们这些学生党员的要求。

1946年6月,全面内战爆发,社会经济秩序陷入混乱,物价飞涨,百姓生活陷入困顿。当时国立高校的公费生,每人每天的菜金只能买两根半油条,很多学生严重营养不良,不少年轻人因此病倒甚至早逝。

此时,中共地下党组织为争取大学生的生存权,决定在几大城市开展一场声势浩大的"反饥饿、反内战、反迫害"运动。1947年5月20日,上海、苏州、杭州16所高校学生代表齐集南京,举行联合大游行,向国民党政府请愿。合理的要求并没有获得当局的支持,全副武装的军警用钉耙、铁棍、皮鞭对付赤手空拳的学生,学生被打得皮开肉绽,这就是著名的"五二〇"血案。全国人民群情激奋,地下党组织积极配合解放战争开辟第二条战线,上海学生联合会决定在1947年的5月23日、24日举行两天全市总罢课。

汤佩铮所在的市一女中,有一个6人的党支部,由当时的上海地下学委女中区委委员毕玲直接领导。按照部署,汤佩铮和其他党员通过各种形式向同学揭露"五二〇"血案真相,激起同学们的愤慨之情,罢课两天,以抗议国民党政府暴行,声援"反饥饿、反内战、反迫害"斗争。

市一女中是一所具有良好办学传统的学校,教育质量很高,在社会上有很好的口碑。同时,该校当时受三青团的紧密控制,此番参与罢课,影响巨大。因为积极参与罢课活动,汤佩铮等被学校开除,后转入培成女中,并担任了该校的党支部书记。

中华人民共和国成立前夕,为配合解放上海的战斗,迎接解放,各校开展了护校,组织了宣传队、保安队。在白色恐怖下,汤佩铮等这些学生地下党员照样活跃在战斗一线。他们为解放军巷战需要分工绘制详尽的上海地图,用各种巧妙的方法散发宣传品,把解放军的公告想方设法送至国民党官员家中。

汤佩铮坦称,尽管在13岁就成了党员,但当时的她还是幼稚、懵懂的。从迷茫的小女孩,到年轻的地下党员,再到中华人民共和国成立后的高校教师、研究人员、校长,她心中的梦想始终都没有变。

她的梦想始终是希望国家富强,民族振兴,百姓幸福。并愿意为之而奋斗。

理想主义的高校教师

新的生活开始了。令她没有想到的是,今后她的职业生涯,将和"教育"这个词紧紧联系在一起。

1949年,汤佩铮考入大同大学化工系,并任该校党支部书记等职。1951年起任中共江宁区委组织员兼大同大学党支部书记,"思想改造"期间任大同大学党委副书记。1952年院系调整,她参加筹建华东化工学院工作,后因工作需要调入中共江宁区委任学校教育科副科长、科长、教育卫生部副部长等职。1957年,她回到华东化工学院复学。1960年,从学校毕业后,她留校任助教兼教研室党支部书记。1962年,她又调入华东师范大学任助教兼化学系党总支委员、教师党支部书记。

1964年,作为一所已在全国有影响的成人高校,当时的上海业余工业大学已经成功办学4年,其工学结合,产学合作的办学特色在社会上反响极佳,第一批学生即将毕业。此时,为加强业余工大的师资力量,需要从普通高校中调入一批教师和干部,补充业余工大的教师队伍,壮大师资力量。

汤佩铮所在的华师大,也被分到了一个名额。当时在汤佩铮的同事中,只有她一个人是工科毕业的,汤佩铮没有二话,接受领导安排,就这样来到了业余工大,担任学校化工教研室的副主任。

第一眼见到业余工大的感受,汤佩铮用了两个词来形容,一个是"震惊",一个是"震撼"。"震惊"的是这所学校的简陋程度。这所学校创办于1960年,从校长到教师,都是从企业和高校抽调而来,仅用3个月就办出一所大学。办学初期,学校的教室都是借来的,教室里还没有课桌椅,由学生自己搬来,所以参差不齐,有高有低,汤佩铮从来没有见过这样的高校。她之前所在的普通高校,一个专业基本上都会有一栋实验楼。但在业余工大,整个化工系就只有一间化学实验室,借的还是人家的亭子间。"想象不出,上海,居然还有这么一所大学。"而"震撼"的,却是这所学校培养又红又专,既能体力劳动又能脑力劳动的新型劳动者的办学宗旨,半工半读、产学结合的办学方式,艰苦奋斗,自强不息的教学作风。无论是教师还是学生,都极其刻苦和投入,他们的热情令汤佩铮动容。

当时业余工大的学生,全部来自企业,有劳动模范,有工人中提拔的工程师。说实话,他们的文化基础差,大多数已经结婚,要照顾家庭和孩子,一个星期共脱产两天来学校学习,等于是三副担子一肩挑,困难程度可想而知。但这些学生中很少有敷衍了事和半途而废的,多数人几乎是拼了命地学习。

汤佩铮说,古人"头悬梁,锥刺股"的故事,就真实地发生在这些学生中间。有些女同学太累了,怕自己打瞌睡,就把自己的辫子吊起来,为的是不让自己睡着。就是这样一批有生产实践经验,但文化底子薄、时间有限的学生,却把类似"高等数学"这样的课程都一门门啃了下来。而且他们不仅掌握了理论知识,还能马上把这些理论知识用起来,在厂里搞发明革新,并在行业内推广,取得了很好的经济效益。汤佩铮称这些学生,原来都是"老虎",只要给他们装上智慧的翅膀,他们就"如虎添翼"了。

而老师们同样也是如此。由于学生们基础差,老师们就在"补缺补差"上下工夫。学生工作繁忙缺了课要给他补课;基础较差学习有困难的学生要给他开小灶;甚至学生生病了,老师会去医院病房上课。学生搞发明遇到难处了,老师跟着去车间,帮助学生解决难题。当时,业余工大借的是其他学校的教室。老师晚上借了教室给同学们补课,一补就补到半夜里,校门都关了,老师就和学生们一起翻过校门爬出来。也因为这样,师生们结下了深厚的感情。

1964年,汤佩铮进上海市业余工业大学那一年,正逢第一届学生毕业，汤佩铮正好担任毕业典礼的接待。相比于学校教学条件的简陋，毕业典礼办得非常隆重。庆典在市府大礼堂举办，上海市委第一书记陈丕显和市长曹荻秋等市领导，各委、办、局负责人出席了典礼，《解放日报》在头条头版报道了此次毕业典礼。时任国家主席的刘少奇，称赞上海市业余工业大学是全国"半工半读的一面红旗"。这体现了社会方方面面对业余工大四年办学成果的支持与肯定。

汤佩铮称，她对于当时这所硬件简陋，办学"匆忙"，更没有什么名气的"业余"大学的感情，已经超过了母校。这所学校一直以来，都以"艰苦奋斗，自强不息，开拓创新，争创一流"作为办学的传统，无论是担任普通教师，还是走上了领导岗位，汤佩铮都铭记这一点。

做教师时，她和那些前辈老师一样，把热爱学生，热爱教育事业作为内心信条。基于二工大的特点，她非常注重加强和企业的联系，经常下厂调研，了解企业需要，让专业知识的应用和企业实际问题的解决联系得更加紧密。作为一名年轻的老党员，她也非常注重挖掘本学科内在的思想性。讲到周期表，她会谈到"从量变到质变"；教有机化学时，谈到分子结构的反应条件，她会讲到"内因和外因"。这些哲学思想，因为深入浅出地融入日常教学当中，就很容易被学生理解。这样的课程，也很受他们的喜爱。

她一直以"尽心"和"敬业"作为对自己的要求之一。不论结果如何，她只求尽最大力量，做到"无愧我心"。有位同学，因为工作、家庭，加上自身能力的原因，实在坚持不下去了，想退学。汤佩铮得知情况，冒着大雨，专门赶到厂里，去做学生的工作，让学生深深感动。

因需施教，参与教学改革

"文革"10年，所有教师下放至农村，整个教育事业陷入停滞，业余工大也不例外。

10年之后，从头再来。教育重生，业余工大也重新恢复招生。

为了提高教育质量，老校长亲自带队调研，抓教改，抓教育质量，重新定位各个系和专业，对整个课程体系都进行了调整和设计。伴随着"艰苦奋斗，自强不息"的传统校风，"开拓创新，争创一流"成为这一时期业余工大重要的办学方向。

20世纪80年代初，汤佩铮开始走上教育管理岗位，她先后担任上海业余工业大学（后改名为"上海第二工业大学"）教务处副处长、副校长、校长、党委委员等职位。在领导岗位上，她以学校历来的特色传统为标尺，推动了一系列改革。

以"专升本"为例。当时，业余工大培养的成人学生，只能取得大专文凭，这些学生虽然工作经验丰富，但由于知识面还是有所欠缺，在新的社会需要前，有时难免力不从心，不能全面满足企业发展的需要。而那些由普通高校培养的本科生，由于完全没有企业工作的经验，不熟悉生产，分到厂里之后，很难迅速找到感觉，担及重任。而令那些富有工作经验的大专生，再次回炉深造，取得本科生学位后回厂工作，这样的人才，正是企业所急需的。

汤佩铮坦言，其实当时自己的脑海里，并没有"开拓创新"这么一个新名词。但作为一名党员，她热爱自己的学校，热爱自己的学生。有些问题既然在现实生活中遇到了，她就要想方设法去解决。无形之中，解决问题的过程就是改革和开拓创新的过程。

为了令学校取得"专升本"的资格，已经担任校长的汤佩铮去教育部申请，但教育部的工作人员，用一个简单的比喻拒绝了她：一块布料，已经做成了背心，却想要做成西装，请问你要怎么改？

对这个比喻，汤佩铮不能接受，但一时想不出什么理由去驳斥。但既然学生需要，工厂需要，这个事就一定要办成。她决定拿事实来说话，在教师中组建了一个团队，这里面有基础课老师也有专业课老师，他们在一起搞调查研究，讨论方案，专门研究"背心"和"西装"的区别，即"专科"和"本科"的区别。

汤佩铮啃了大量教育理论著作，用"终身教育"的思想，来说服和打动有关部门。经过一系列努力，终于获得了"专升本"试点的资格，在当时的机械专业系做试点，并取得了成功。

汤佩铮感叹道："开始真难啊，但路，就是这么走出来的。不去改革探索，走创新之路，对不起工厂，对不起学生，也对不起社会。"

科研工作，理论和实践相结合

在参与学校管理以及一系列教育改革工作的同时，汤佩铮又结合工作实际积极开展成人教育、成人高教的研究，后期参与、承担了"七五"国家哲学社会科学重点课题"高中后教育模式研究"，并取得了重要成果。

这一课题，当时是针对中国大量未能升入本科的高中阶段程度青年的实际问题，进行的高中后教育模式研究。这一课题由当时的国家成人教育司司长董明传担任组长，汤佩铮担任课题领导小组成员及综合研究组组长工作。综合研究组设在上海第二工业大学，由相关人员及上海智力开发研究所、华东师大成人教育学院等单位的研究人员组成，负责起草研究计划及研究总报告等。经过三年多的研究，于1991年8月，通过了国家级成果鉴定。鉴定意见对整个课题评价很高："高中后教育模式研究着眼于合理开发具有高中阶段程度青年毕业生和在职劳动者的人力资源，培养第一线急需的应用型人才，理顺和完善高中以上，本科层次以下教育结构与高等教育、职业技术教育、成人教育、高中教育的协调关系，对于建立面向21世纪具有中国特色的中国社会主义教育体系具有重要的理论意义和实践意义。同时，鉴于未来10年高中毕业生升学和就业的压力，造成的矛盾十分尖锐，高中后教育模式的实践，将有助于解决这一有社会影响的矛盾。"

之后，该课题在全国第二届教育科学优秀成果评选中荣获二等奖。

此外，汤佩铮对高等职业教育所面临的各项问题进行了自己的独特思考，形成了紧密联系实际的教育研究成果，撰写了一批具有代表性的论文。

20世纪90年代初期，社会上不少人对于高等职业教育存在着偏见。汤佩铮为此专门撰写了《积极探索与发展高等职业技术教育》一文，于1991年发表在《成人高等教育改革与发展》杂志上。论文重点阐述了在我国积极探索与发展高等职业技术教育的重要性和必要性；系统地论述了高等职业教育的性质、任务和主要特点。

同样也是在20世纪90年代，当时上海进行了"计算机应用能力考核"，促进了应用计算机知识和能力的普及。为此，汤佩铮对上海电大的实践经验进行了理论思考，专门撰写了一篇《计算机应用能力考核对成人教育的启示》。这篇文章发表在核心期刊《上海成人教育》上，弥补了当时这一领域上的研究空白，当月销售大增。

1992年发表在《职业教育研究》上的"对未升学高中毕业生的职业教育和培训"一文，则是专门针对那些未升学高中毕业生的未来发展方向，提出了切实可行的解决方案。汤佩铮指出，对于这些学生，要按照各地就

汤佩铮与全国高教学会的上海代表合影

业结构进行合理分流，要鼓励他成为合格的城乡劳动者，按社会需要和可能来开展职业教育与培训；教育培训宜多层次地展开；要充分利用现有的办学基地，动员社会各方面力量，多渠道，多形式地开展。

《正确制定具体明确的教育目标是高职教改的基础》发表在1997年的《上海第二工业大学》学报上。这篇文章指出，对于高等职业教育，要突出职业能力的培养，要把"针对性"和"适应性"，职业态度、知识以及职业技能恰当地整合起来。这篇文章有较大影响，先后6次被相应的期刊引用。

而在参与"高中后教育模式研究"后，汤佩铮结合个人的实践，以及国外的一些经验，有了一系列思考。她撰写了探讨关于高中后教育结构若干问题的相关论文，较早提出了通过"教育与培训、普通教育与职业教育的横向沟通，多途径的纵向衔接，使各类人才都有发展提高的空间"，都能达到人才的顶峰，并画出了具体的图示。

20世纪90年代初，著名管理大师彼得·圣吉出版了《第五项修炼》一书，这本影响深远的管理学著作当时在中国也引起了热议，尤其是书中关于"学习型组织"的论述。汤佩铮参加了最早成立的上海"学习型组织"研讨会，并也把自己对于"学习型组织"的一些思考，写成了"学习型组织的学习"一文，在上海学习型组织研讨会上进行了发言。

作为中国高等教育研究员，汤佩铮对社会科学的研究工作有自己的深刻体会。以"高中后教育模式研究"为例，她总结了四点经验：

首先，理论和实践要紧密结合，不能就教育论教育，不能闭门造车。不能靠查查资料，剪剪贴贴，就出一篇论文。"高中后教育模式研究"，曾对几百个生产一线的职业岗位的知识能力结构，进行了深入分析。对11余万名高中毕业生，他们的分流和就业情况，进行了追踪调查以及系统分析，对20多个工矿企业的案例进行了分析，组织了9个省市，6个部委对高中后教育的现状进行了调查研究，找出主要问题，总结成功的经验。100多万字的调查报告，以知识能力结构作为社会经济和高中后教育相互关系的中介，并且根据中央分三步走的经济发展战略，从总体上把握社会对高中

汤佩铮与学生第三寻访团合影

后教育的客观需求。另外，做科研工作，需要找准问题，深入分析产生问题的根源；要能够提炼成功的实践经验，从中获得有益的启示。在这个基础上进行理论研究，提出自己的观点和解决方案。

第二，要有国际视野，但要将立足国内实际以及学习各国先进经验相结合。搞社会科学不能照搬国外的理论和做法，必须立足于中国国情，研究具有中国特色的理论、思路、改革途径以及方式，并从现代的教育思想和国外先进教育理论中充分吸取营养。

第三，前瞻性和可操作性相结合。科研要有前瞻性，要有宏观、系统、整体的观念，同时又要有可操作性，要提出切实可行的实施方案。

第四，要开放搞科研，不能关起门来搞，要组织广泛的协同作战。要根据实际需要，组织各行业、跨地区、跨学科、跨职业背景，协同作战。

这也是她对新一代科研工作者的希望和建议。

离休之后，汤佩铮和家人生活在一起，过着平静而幸福的生活。但她仍时时关注着学校的发展，关注着青年学生们的健康成长。

她总结自己丰富而曲折的人生经历，将自己的人生体验毫无保留地传递给年轻一代，她说："随着国家富强，我个人的前途命运也发生了巨大变化，我从一个十分幼稚、几近绝望的孩子成长为最向往的能和学生朝夕相处的教师，成长为一名研究人员和干部。我切身体会到个人的前途命运和祖国人民的前途命运是紧密结合在一起的。只有祖国富强了，人民幸福了，自己才有成长、发展、成功的可能；祖国遭难、人民穷困，自己也没有好日子过。但同时，只有每个人都能通过自身的努力不断实现自己美好的梦想，祖国才能实现真正的繁荣富强，也才有人民真正的幸福。"

她深知理想和信念的重要，更强调战胜困难和突破自我的勇气是多么重要："理想信念是人不可或缺的精神支柱。只有确立了坚定的理想信念才能坚持不懈顽强拼搏去战胜各种艰难险阻；才能永不满足于已有成绩，把每次成功当做新的起点，不断攀登新的高峰；才能有足够的勇气和智慧去突破一系列固有观念、规定等束缚，不断开拓创新、与时俱进。"

对于上海第二工业大学，她依然充满深情，时时关注。作为老校长，她希望学校一代又一代的领导班子能够继续坚持"艰苦奋斗，自强不息，开拓创新，争创一流"的办学传统，继承学校初创时期那种开拓创新，勇于克服困难和坎坷的精神，始终保持工学结合，校企合作培养人才的教育特色，在新时期不断发展，再创辉煌。

予　彤

教授感言：

悬崖壁上生长着的参天大树，同样可以造就壮丽风景。

陈林，1942年9月7日生于江苏省盐城。1960年8月至1964年8月，就读于上海热工仪表学院、上海机械学院。1964年8月至1984年7月，就职于上海机械学院，历任实验员、工程师、实验室党支部书记兼室副主任、系党总支委员。1984年7月至1997年8月，任上海机械学院、上海理工大学党委副书记兼纪委书记、组织部长、副校长、研究所副所长、所长。1997年8月至2004年5月，任上海第二工业大学党委书记、研究员。2004年5月至2007年9月，任上海第二工业大学光机电应用技术研究所所长、研究员。2004年5月至2012年9月，任上海市慈善教育培训中心主任。

悬崖壁上的参天大树

"陈林老师，我是丁言昭，我受上海第二工业大学老教授协会的委托来采访你。"

"哦，丁言昭？"电话那边传来一个带磁性的男声。

"是。"

"我认识你，还认识你老爸丁景唐。丁老是沪江大学的优秀老校友。我们也是'院友'，都住过华东医院。因为我免疫力低，吃激素，所以脸胖乎乎的。"

突然我眼前闪现出一个形象，"我记起来了，胖嘟嘟的脸，像个'小伙子'。"

"'小伙子'？"

"和那些'80后''90后'的老公公比，你这个'70后'，不是'小伙子'吗？"

"80后""90后"，指的是那些老公公的年龄，都是八十多岁、九十多岁，人们幽默地称他们为"80后""90后"。

"哈哈哈……"一阵爽朗的笑声。

就这样，我和陈林老师联系上了。

从少先队员到共青团员

陈林出身贫寒，童年时期和父母住在上海中山公园附近的草棚子里。家中的生计，全靠父母做小工，可怜的工钱很难维持全家五口人生活。平时，他连吃饭穿衣都成问题，上学读书便更是一种奢望。

一直到1952年，已是11岁的陈林才上小学，进的是"儿童晚班"。什么意思呢？就是全日制的小学，下午四时放学后，让一些家庭困难的孩子来上学，上到晚上八时下课。

陈林从小就很懂事，知道学习机会来之不易，拼命读书，成绩特别好，跳了一级，4年初小，只读了3年，高小转入正规小学，戴上红领巾，袖上佩了两条杠，当上中队长。

1960年，陈林考入古北中学读初中，是班上的团支部书记，又是班长，既然是干部，就得做出干部的样子，首先功课要比别人好，他做到了，成绩一直名列前茅。初中毕业时，班主任特别关照陈林，保送到交通大学，当时该校是8年一贯制的学校，从预科到本科，这是同学们梦寐以求的好机会，可是陈林却退了下来，因为家里实在付不起学费。

不久，陈林听到一个消息，上海热工仪表学院招生，读5年，2年高中，3年大专，最关键的是每月有10.5元的助学金，包3顿饭。没想到，只读了一年，碰到国家3年自然灾害的困难时期，学院关门，把这批学生转到上海机械学院中专班，读4年，学的是光学仪器专业。学历从大专变成中专，对年轻的陈林打击不小，但他想到自己是一名共青团员，要摆正位置，不能闹思想情绪。他心想：我在生活上是贫穷的，穿的是打补丁衣服，吃的是青菜汤，但在知识上一定要做个"大富翁"，只要努力，一定会有收获的。

家里有个小阁楼，那是陈林的"小书房"。家里只有一盏电灯，全家合用。陈林几乎每天晚上，要温习功课到11点，阁楼没有灯，怎么办呢？嗨，他可有办法呢，用一面小镜子，对着楼下的光源，楼上立马亮了起来，陈林如鱼得水，尽情地看书、做功课。陈林后来告诉我，这是课堂上学的，利用光的反射呀！这真是理论结合实践的好开头啊！

终于，4年中专毕业，由于学习成绩好，学校决定让陈林留校工作。

从实验员到研究员

1964年陈林中专毕业，留校工作，当一个普通的实验仪器保管员，也就是实验员。

陈林陪同时任上海市市长韩正视察上海第二工业大学实训工场建设

保管员，顾名思义，就是保管实验仪器，非常简单，没什么技术性。此时的陈林有点想不通，人家留校做行政干部，可他呢？在实验室，做教师的辅助员，被人看不起。经过一番思考，他觉得要被人看得起，首先是自己要看得起自己，世上的工作只是分工不同，要摆正位置，想通了，干起来就有一股子劲。他主动热情地为教师们服务，得到了他们的认可。一分播种，一分收获，陈林从帮着做实验，到为学生编写实验指导书，上讲台讲课，参加科学研究，逐渐成为一个科学研究骨干。

实验室里有个清华大学毕业的同志，叫周鹏飞，非常支持陈林。为了攻克有关课题，陈林与周鹏飞商量，是否可以组织教师一起成立一个研究室，发挥集体的力量，大家一起搞科学研究。这一建议，得到上级领导的认可，上级领导立即决定成立光学特种工艺研究室，由周鹏飞任室主任，陈林任支部书记兼副主任，组员二十多人，搞了几个研究课题，其中室主任搞了"反光碗"课题，陈林搞了"光栅盘"课题，大伙儿开玩笑地说：两个主任，一个搞"碗"，一个搞"盘"，研究室有"饭"吃啦！

"文化大革命"中，上海光源组组织攻关小组，共十几位成员，为北京的最高领导设计照明灯，称为"新闻灯"。攻关小组放在上海电影制片厂。陈林、周鹏飞负责光学设计，为了尽快完成任务，陈林每天工作时间常常达十五六个小时。他的家就在校内，可是他经常睡在实验室里。就这样，夜以继日地连续干了整整两个月，终于完成了四种不同规格的罗纹镜设计，并试制成功。

"文化大革命"结束，迎来科学的春天，人人都憋住了气，准备好好干一场。此时，陈林和伙伴们又在专业的深度、广度上不断开拓着，研制新型77MM至630MM系列及供舞台、电影、照明用的菲涅耳照明透镜，简称"罗纹透镜"。

1987年第3期的《上海机械学院学报》上，有一篇陈林、史大椿、周鹏飞合写的论文《菲涅耳照明透镜设计》，上面有许多图表和方程式，文章写道："在照明灯具中菲涅耳透镜代替平凸透镜有许多优点。本文描述了菲涅耳照明透镜的设计原理、计算方法及参数选择。所获得的菲涅耳照明透镜有非常好的性能。文中给出了测试结果。"用菲涅耳原理设计的照明多环透镜，应用的范围很大，在电影、电视、舞台等照明装置中，都用得到它。例如，演员上镜头前，测量一下脸上的亮度等。此成果达到了国际先进水平，20世纪80年代初，已经成批生产，被电影、舞台灯光装置普遍应用。为此，陈林、周鹏飞频频得奖：1987年12月，"77-630罗纹透镜系列"项目，被上海机械学院授予奖项；1989年5月，由上海市科学技术进步奖评审委员会颁发，得奖证书上写着："为表彰在促进科学技术进步工作中做出重大贡献，特颁发此证书，以资鼓励。"此外，还分别获得机械部科技进步奖三等奖，及上海市科技进步二等奖。

攻克了罗纹透镜系列项目后，陈林又接到更大的项目，即攻克精密圆光栅的研制。在研制精密圆光栅过程中，陈林基本上没有了节假日，却从没有提出要加班费。当儿子生病住院，他晚上陪夜，白天照常上班，自己累病了,悄悄把病假条藏起来。人家问他,为什么这么拼命干?他回答道:为了事业!

陈林和伙伴们团结一致,齐心合力,在科学研究上连连取得可喜的成果。他们搞的"精密光栅度盘"和"精密光学度盘",自1980年至1992年间,连续获得8个奖项,包括国家科技进步三等奖、机械部科技进步二等奖。在全国刻划技术学术交流会上,获得一等奖,其中"精密光栅度盘"还荣获全国第一名。

圆光栅原来有1秒的误差,可是经过陈林的研究,将误差降低至0.3秒和0.29秒。别看只相差零点几的误差时间,可是其中的艰辛、努力是无法用语言来形容的。好比体育项目上的跳高、跨栏、赛跑、游泳等,要加快速度,哪怕零点零秒钟,都要付出巨大的精力啊!

出于好奇,我问陈老师:"你是怎样来提高精度的?"陈老师为了回答我这个"科盲"的问题,想了想,用最简捷的方法给我解释着:"首先要掌握规律,我们根据俄罗斯一位老教授的研究成果,进一步进行研究。高精度刻划机的轴与轴套要晃动,轴转一圈,其中油墨转半圈,为了解决这种情况,已故的全国人大代表戴兴庆教授搞了多圈刻划圆光栅,而我本人也搞了新型的保护层。经过无数次的实验才取得成功。"

对于过去取得的成绩,陈林显得很淡定,认为这已经成为历史,让后来人踏着我们的肩膀再上一层楼,取得更辉煌的成就,这样历史车轮才不会停止,才能滚滚向前,说得多好啊!

正是出于这种心态,陈老师在2016年6月,将保管的"0.29圆光栅""精密光学度盘"等,交还给组织,为此,还特地写了份材料,以示重视。

从普通党员到党委书记

陈林不但是科技工作者、专家、教授,而且还是担任高校党务工作的党委书记。

1984年7月2日，大礼堂召开全校党员大会。会上，机械部领导宣布陈林为上海机械学院（上海理工大学的前身）党委副书记，这个突如其来的决定，让陈林措手不及。后来在有关领导的鼓励下，他积极走马上任，因为他是个党性很强的同志。

当时，上海机械学院在"文化大革命"中分成的两派，此时仍然水火不相容。在这种情况下，必须选择能够真正为大家服务的、有教学和科研经验的同志，形成以中年骨干为主体的知识化、青年化、专业化的干部队伍，俗话说：一马带头，万马奔腾。不久，上海机械学院在上海市教育界、科学研究方面都榜上有名。机械部领导喜称机械学院出现了以校长、书记为代表的"小老虎"。

工作一段时间后，学校又增加了陈林的工作量，要他兼任副校长，分管人事、审计、保卫，并协管科研和外事。越是困难越向前，这就是陈林的性格。

陈林陪同时任上海市副市长龚学平视察上海第二工业大学金海路校区建设

兼任副校长后，他一方面协助校长搞学科建设；另一方面，为了提高学校科学研究层次，他还注重引进行业的拔尖专家。如庄松林院士与陈林既是同一个专业，又是好朋友，陈林和有关领导把他从上海光学仪器研究所请来，来时，庄松林院士将上海光学仪器研究所全部合并到上海机械学院。

陈林在上海机械学院党政岗位上一干就是13年，一直到学院和华东工业大学一起合并成为上海理工大学。1997年陈林被调到上海第二工业大学（以下简称"二工大"）任党委书记。这年的7月6日，陈林刚从香港访问返沪，市委组织部找他谈话，任命他为上海第二工业大学党委书记。一到学校，陈林就忙着下基层，了解情况，调查研究。当陈林走进威海路的二工大校所时，看到的一切，比想象的差了一大截，这天，市领导找陈林，他乘机把自己的想法一股脑儿倒出来，说学校太破旧了，什么都没有。市领导说，你说的不对，他们学校的师资力量可与你们上海理工大学媲美，而且二工大是培养劳动模范的摇篮，你不是劳动模范吗？你要团结大家，经过努力，相信二工大一定会变成一所很像样的学校。领导的话给陈林很大的鼓励，增强了他的信心。

说干就干，陈林一上任，便把党建工作作为重点来抓，为了搞好校各级领导班子建设，陈林走访了基层干部、老干部、教授、教师，几乎是全年无休。经过一段时间的调查研究，陈林确认二工大的干部和老师大多数是好样的，他们爱校如家，只要是对学校有利的事情便带头去做。

各级班子由中年为主体的优秀人物担任，是陈林搞党建工作的一个方针。如有4个青年硕士被破格提拔为机械、计算机、电子、管理四个学院的院长。陈林称他们为二工大有代表性的四个"小老虎"。直到现在，他们仍然是二工大教育和科学研究管理的骨干，带领出一批批新的"小老虎"。

搞新校区建设，是陈林来二工大要做的第二件事。当时学校各部门分散在各区，要集中一个校区，谈何容易？正在此时，机遇来了，浦东新区需要大学。在市委支持下，陈林和校长找到浦东新区的领导，说："我们学校培养出来的学生，是技术型、应用型的人才。他们会对浦东发展作出贡献。"后来经过区领导班子讨论决定：划出浦东新区500亩土地给二工

陈林与上海第二工业大学劳模在广富林遗址考察

大作新校区。

二工大浦东校区从设计到建造总共花了3年时间，为了迎接新校区开学，陈林与老师们牺牲暑假时间，将老校区设备搬入新校区。为了促进以职业教育为导向的高等院校建设，同时表彰二工大师生的勤奋与努力，政府拨款200万，这好比给二工大打了强心针，经过商量，陈林和校领导们用这笔钱办了电子图书馆，学生们在拥有200台电脑的大房间里，通过查阅电子资料，增长了知识。

把一个成人高校，建成一所全日制高校是陈林要做的第三件事。陈林认为，有了新校舍这个硬件，师资这个软件也要加强。于是，陈林和教师们兵分几路，有些教师到兄弟单位——上海理工大学学习经验，争取科学研究经费。有些长年在外单位搞课题的教师，也纷纷回校争取新的课题。

读书补天然之不足，经验又补读书之不足。读了那么多年的书，陈林深知知识及知识分子的重要性，他对老教授采取"倾斜政策"，返聘老教授，要求他们拿出科研成果。这个办法烘托了学术气氛，促进了学术研究的发展。此外，学校领导加强教学，组织老教师听课、评课，领导也到第一线听课、指导，提高大家的教学积极性。教育部来评估，学校日常教学工作得到一致的好评，不久，二工大被批准为全日制应用技术型的本科院校。

从党委书记到慈善培训中心主任

2004年5月，陈林62岁时，从学校领导岗位上退下来，又担任了光机电应用技术研究所所长。与此同时，陈林还担任了上海市慈善基金会理事兼慈善教育培训中心主任。这是一份有利于社会，有利于贫困人群的工作，做这些工作时，他往往会想起自己小时候的事情。

人们常说：授人以鱼，不如授人以渔。上海市慈善教育培训中心将社会上一些贫穷而无工作的人群集中起来，进行技能培训，使他们成为社会上有用的人。他们先后办了"外来媳妇""阳光展翅"等20多个不同专业的培训项目。这些学员逐渐地从社会的"包袱"变成社会的"主人"，为社会创造财富。

"阳光展翅"班的学员，大多是社会上失业、失管、失学的青年，而且一部分是家庭破碎的人。经过两年的中专培训，他们不但学会了知识，还学会了做人。当他们拿着毕业证书，走上工作岗位时，每个人心里都乐开了花，因为他们终于成为自食其力、为社会效力的人了。

在陈林的带领下，在大家一致努力下，上海市慈善教育培训中心被评为上海市第二届"慈善之星"，被国家民政局评为"五A级"民非企业，当时上海一共有两家，他们是其中一家。

和 谐 家 庭

每个成功的男人背后都有一个贤惠的女人，陈林的爱人姓孙，名秀英。上初中时，两人同班，陈林是团支部书记，孙秀英是班长，他俩儿的人生在此交汇，以后再也没有分开过。同是班干部，一起谈工作、一起学习、一起参加校外活动……不知啥时，两个人心里都渐渐地生出了情愫。

1967年，正是"文化大革命"的疯狂年代，陈林与孙秀英结为秦晋之好，孙秀英初中毕业后考取了纺专，后分配在纺织工厂，每天早、中、晚三班倒，在轰隆隆的纺织机声中，纺线不知道绕地球走了多少圈，回到家还要做家务。人们说：生活、生活，是生出来的，忙得连脚都要举起来了。每天，陈林骑自行车，把妻子、儿女送去上学、上班后，从南码头骑到打浦桥，再骑到军工路去上班。

天有不测风云，一天，幼小的儿子突然发烧，烧退后夫妻俩才发现儿子的耳朵出了毛病，从此，儿子生活在自己安静的世界里。陈林的岳母是个盲人，学校为了照顾陈林的特殊困难，将他们全家搬入学校居住，孙秀英从纺织厂调入上海机械学院工作。陈老师回忆儿子的事时，一直唏嘘不已，说："我对不起儿子，那时他母亲天天上班，我在单位搞科研，根本没有时间好好照顾儿子。"

"现在呢？"我换了话题。

"现在不错，儿子很努力，自己奋斗，有个理想的工作，孙子已上大学。女儿一家也不错，外孙在日本定居。每周末，儿女们到家里来，为我们烧饭，全家团团圆圆，有时，开车带我们出去玩。"

看着陈老师心满意足的模样，我真为他高兴。

发 挥 余 热

有人说陈林是"大满贯"：国家级专家、享受首批国务院特殊津贴、二级教授、科技精英、劳动模范、大学党委书记……对于这些说法，陈林是怎么想的呢？

"自己的历史，自己写，一步一个坚实的脚印，我成功过、辉煌过，但那都已过去了，现在我仍然在做一些力所能及的事情。"

名如其人，陈林犹如悬崖壁上生长着的参天大树，一路走来，他历经艰辛，却始终无怨无愧。他将自己最辉煌的几十年奉献给了祖国的科研事业和教育事业，作出了傲人的业绩却从不自傲。如今，这棵"参天大树"依然活跃在前线，发挥余热，指引着一代又一代的科研、教育工作者们埋头苦干、开拓创新、奋勇前进。

丁言昭

教授感言：

  大学教师是一项幸福的职业，而要搞好教学和科研，就一定要与社会实践、与工业生产相结合。

江庚和，1930年生，江苏苏州人。退休前任上海第二工业大学教授。1955年毕业于哈尔滨工业大学电机系。历任中国电子学会第一、二届理事会理事、哈尔滨工业大学电子学教研室主任、华中工学院电子学教研室主任、上海第二工业大学应用电子技术系主任等职。江庚和教授长期从事电子技术领域的教学、科研工作。通过部、省级鉴定的科研项目有"以微处理机为基础的心电波发生器""心电图向量记录仪""泌尿系统测压仪""DFY-1型智能多通道发动机分析仪"等。著有《模拟电子技术》《数字电子技术》，译有《动力系统的自动化》《微处理机和程序逻辑》《电子测试和故障诊断》等著作。

从电力工程到电子学

采访江庚和教授，正遇高温天。已是86岁高龄的江教授非要到公交车站接我，说是他家比较难找。他叮嘱再三，语气真诚，让人难以拒绝。虽未谋面，便已对这位细心体贴的老教授心生敬意。

下了车，就见车站上站着一位清瘦但精神的老人，一问，正是江教授。跟随江教授走入他所居住的小区，顿有身临绿色森林之感。这是沪上一个著名的特色小区，楼外密集高大的香樟树参天蔽日，制造着清新的空气。楼内的恒温恒湿系统让江教授的家舒适宜人。

打开话匣，江庚和教授第一句就强调，自己是1985年才调到上海第二工业大学（以下简称"二工大"）的，他1995年退休，在二工大工作时间不长，所以感觉自己对二工大的贡献不大，不值得为他花费笔墨。但是为了配合我的工作，他乐意向我讲述了他的过往经历，还特意写了些回顾的文字供我参考。

少年始知愁滋味

北上求学，与电子专业结缘，江庚和人生道路的这个起步是被命运推着走的，但之后你会发现，这未尝不是一场幸运的邂逅。

江庚和出生于江苏苏州。他的父亲15岁从乡下到苏州的钱庄做学徒，初涉金融圈，这在当时是件非常令人艳羡的事情，江庚和的父亲以后发展得也很不错，所以中学时代的江庚和家境殷实，没什么生活负担，江庚和也曾规划着将来像哥哥一样继承父业，到金融机构工作。

然而之后的金融业经历了大变革，私人不能从事金融业务，江庚和父亲和几位哥哥失了业，一家人的生活一下子变得拮据起来。当时，江庚和已在沪上的私立大同大学电力专业求学，学校没有住宿，从苏州来到上海的江庚和原本寄宿在哥哥工作的钱庄员工宿舍里，随着钱庄员工的解散，江庚和的住所顿时没了着落。

好在同学向江庚和提供了一个机会：让他去工厂夜校义务授课，回报是可以住在工厂内。这一年，江庚和为了生计变得异常忙碌，学业受到影响，成绩有所滑落。江庚和想到过不再继续念大学了，但转念又想：自己大学只读了两年，能找到理想工作吗？这让江庚和愁肠百结。

这个当口，百废待兴的新中国有个大举动：学习苏联高等教育办学模式，国家重点建设两所由苏联帮助的大学，文科类是中国人民大学，工科类是哈尔滨工业大学。当年，教育部在《关于哈尔滨工业大学改进计划》中明确指示：哈尔滨工业大学的办学方针和任务是"仿效苏联工业大学的办法，培养重工业部门的工程师和国内大学的理工科师资"。一批有学术造诣的教授被调到哈尔滨工业大学（以下简称"哈工大"）。"当时，大同大学教我们的一位老师受邀去哈工大参观，哈工大准备请他去当航空系主任，我们一批学生就请他帮助让我们转学去哈工大。"江庚和回忆道。就这样，1950年，江庚和进入哈工大电机系求学，他的人生发生了转机。

接受苏联式教育

那个时候，国家为哈工大提供了良好条件，大批苏联教授和专家受聘来到哈工大，一批先进的仪器设备直接从苏联采购运回，使得哈工大的实验室跃居全国最前列。江庚和回忆，"苏联与西方国家在教育上有很大的差别。西方国家的专业比较广，但是专业知识学得并不是很深很透。而苏联的教育模式就不一样了，它是需要什么，你就学什么专业，你毕业后就要干这个专业"。苏联的专业设置可以细分到什么程度？江庚和听说的是：一个专业可以仅仅是"原子弹的启动装置"这样的专业名。

这样的教育模式有一定优势。"比如我们在哈工大毕业时，拿到的是工程师证书，去厂里上班就可以当工程师了。我们那个时候实习也很多，从一年级到五年级都要去实习。现在学生去工厂实习,大部分须由工厂里的人来带教,而我们那个时候去厂里,有问题都是工人来问我们的,而且我们都回答得出来,因为厂里的很多设备都是从苏联进口,它的结构、原理等相关知识我们都学过,只有个别问题我们可能不太会实际处理。不过,这样的模式也有缺点,我们是在苏联的基础上不断改进,但是在'新发现''新创造'方面我们还比较欠缺。"江庚和说。

日后,随着经历更加丰富、结合自己的实践,江庚和对大学教学的观察日益深入,形成了自己的见解:大学里的教学,面不能太窄,但也不能太笼统,不应该什么都是"三脚猫",而是必须在广的基础上有所侧重,着重学习某一领域。如果每所大学同学都学一样的课,专业课也都差不多,没有侧重,不利于学生成长,而学得太细太窄也不好,将来就业不一定用得上。

江庚和和国际友人在一起

虽然苏联式教学有一定的不足，但在那个年代还是与需求比较吻合。在哈工大接受的教育，给江庚和打下了扎实的学科功底、教会了他一套行之有效的学习方法，所以在日后当他转行涉足新专业时，他能凭借这些知识储备快速实现角色的转换，在新专业的科研和教学上游刃有余。

从电力转行电子

当年哈工大的本科学制是五年，另有一年专攻俄语。加上在上海的求学，江庚和在大学读了7年。令他自己也没有料到的是，毕业后被留校当了大学老师，这辈子，他注定要和学校结缘，和"电"打一辈子交道。当然，这个"电"的后缀一直在发生变化，从电力转到电子，从自动化转到计算机，转行让他不断面临挑战，而每次，他都攻克了下来。

1955年，江庚和从哈工大毕业留校当了老师。当时，著名电子学家、学部委员朱物华从上海交通大学调到了哈工大任副校长，江庚和负责协助朱物华处理一些业务方面的事务，他踏实认真、谦和勤勉的风格得到朱物华的赏识。不久，朱物华带领江庚和等人开展了一项关于电力系统通讯的专题研究，这项研究取得成果，1958年，江庚和与朱物华、马国强一起发表了《电力线路上使用的阻带滤液器式宽频带阻波器设计中的电气参数选择的商榷》。当项目结束时，朱物华教授根据电力系统的发展方向，向教育部和电力工业部申请在哈工大新建一个电力系统通讯的专门化学科（附属电力系统专业），得到批准后，学校就正式建立了相关教研室和学生班级。江庚和被调到这一教研室，并在朱物华教授的指导和帮助下负责这一教研室的工作。

新的工作刚开始，情况又发生变化。由于哈工大转归国防科委领导，电力专业被调整调到了北京，朱物华教授回到了上海交通大学，江庚和被安排到了电子学教研室，任哈工大电子学教研室主任。

跨入新的领域，江庚和并没有畏难，凭借厚实的功底和较强的自学能力，很快就成为行家，还担任了中国电子学会第一、二届理事会理事、哈尔滨市电子学会理事兼秘书长。

虽然江庚和教的电子学属于学校的专业技术基础课，但他却并不满足于照本宣科吃老本。20世纪60年代初期，在电子技术领域，半导体技术开始在国际上崛起。江庚和至今仍记得，据说有次日本送给周总理的一个礼物就是半导体收音机。而这以前，电子设备都采用晶体管元件，国内的电子学教材也都是讲晶体管的。江庚和带领电子学教研室的同事们及时捕捉到了国际上的这一变化，敏锐意识到半导体技术将来必然要取代电子管，所以积极收集有关半导体的资料，并加以学习领会，掌握这些内容，开始在教学上做准备。

1965年，江庚和在给计算机专业学生上课时，采用了自己编写的在校内印刷的以半导体为内容的讲义，可惜当第一学年结束，讲义授完时，"文革"开始了，教学被迫陷入停顿。但江庚和的这一教学活动还是颇具创新意义，因为教育部一直到"文革"结束后才开始组织编写统一的以半导体为内容的电子学教材。

终于成行的出访

1970年春，根据中央指示，哈工大部分教职员工与绝大部分教育物资南迁重庆，与哈军工二系合并成立重庆工业大学，留哈的教职员工与黑龙江工学院、哈尔滨电工学院合并组成新的哈尔滨工业大学。江庚和一家随校来到了重庆。

1973年8月，国务院、中央军委决定令南迁重庆的哈工大北返，恢复哈工大。当时，地处武汉的华中工学院只是个地方院校，底子薄，朱九思担任该校校长决心加强师资队伍、填补专业空白，四处揽才。他们派人到重庆"抢人"，就这样，江庚和等哈工大教师被招入华中工学院，从重庆来到了武汉。

虽然处于"文革"中，华中工学院却在朱九思校长的执掌下治学氛围浓郁，没有像当时的许多高校那样发生内乱。江庚和得以安静地教书育人搞科研，他回到了老本行——发电专业，专心培养工农兵学员。

"文革"结束后，在"文革"中逆势而为、主动补强，积蓄了实力的华中工学院厚积薄发，在教育部组织的高校评估中一鸣惊人，一跃成为国务院第一批批准设置研究生院的22所学校之一。江庚和当时担任了该校电子学教研室主任，晋升为副教授。

20世纪80年代是"文革"后教学、科研刚刚恢复的年代，当时给江庚和的感觉就是教育的春天来了，一切都充满了新鲜感，他浑身都是劲。恰在这时，江庚和获得了一个机会，学校安排他以访问学者身份到美国威斯康星大学学习工作一年，目标是更深入地了解和掌握智能化仪器方面的技术。

说起出国学习进修，江庚和先前其实曾有两次机会。第一次是在哈工大，当时，江庚和已经在电力系统通讯的学科中工作，学校领导安排他参加留苏考试，方向是学习通讯系统的新技术。被批准后，江庚和于1958年到北京留苏部等待。但是，1959年初，中苏关系发生逆转，某些专业已不

首届教师节三十年教龄教师合影，左起第八位为江庚和

接待中国留学生，要求江庚和改变去学习的专业方向，这与学校的要求不同了，江庚和就放弃了出国，回到学校继续工作。第二次是粉碎"四人帮"之后，中国计划派一批会俄语的人才去友好国家学习，学校又派江庚和去参加考试。通过后，江庚和被拟派往罗马尼亚学习计算机专业。可是当江庚和来到北京参加出国前的集中培训时，没人能够教授罗马尼亚语，而且他还得知罗马尼亚的计算机技术水平不一定强于中国，再去"学习"无疑是种浪费，于是他向学校打了报告放弃了出国。

1981年，江庚和的美国之访终于成行，他倍加珍惜这次的学习机会。他重点考察的智能化仪器是将计算机方面的器件如CPU、存储器等一些集成芯片和软件编写内容与仪器装在一起。当时，计算机还是十分昂贵的产品，集成芯片也是只能实现简单的功能，一切都处于发展起步阶段，有着太多的未知等待科学工作者去探索。江庚和在美国如饥似渴地学习，吸收国外先进技术，他还从威斯康星大学电气与计算机工程系的课程设置、威斯康星大学生物医学工程中心的研究生讨论中观察思考，撰写了《如何看待"通才"教育与"专业"教育》等报告，为国内该专业的教学提供参考。回国后，江庚和在教研室开设智能化仪器的有关课程，并翻译了国外这方面的教材、书籍和资料，发动教研室的教师开展科研工作。突出的科研使得电子学教研室的多名教师取得了招收研究生的资格，江庚和自己也招收了三名研究生。

两项研发结硕果

随着"文革"的结束、教育的拨乱反正，高校科研从停滞和倒退走向了复苏和活跃，江庚和的科研活动也在这一阶段得到更大的推进，其中有两项经过了省部级鉴定。

第一项是研发佩戴式心电监护器，即开发可以长期（比如一个晚上）监测心电波的仪器。这项研究的资金是由相关行政部门提供的，整个设备主要由三个部分构成：一是把从人体上测量到的心电图波形传送到微型的计算机系统；二是要设计出微型计算机的硬件和软件，以判断被测的心电波形，把不正常波形记录传送到磁带上；三是设计一套回放设备，把磁带信息回送到示波器上供医生分析。这项研究由三人组成一个小组，江庚和是负责人，并从事第二部分的研发工作。这种设备如今在医院已十分常见，但在当时却是开创性的，开发难度不小，而江庚和带领着研发小组成功地攻克了下来。鉴定会后，根据当时的规定，由省市供给资金的项目，必须无条件由主管部门把有关技术和资料转给工厂，由工厂进一步研发成产品。所以，这一研发成果最后都转让给了工厂。

第二项是由一家研究所提供资金，该研究所与江庚和一起合作研发一种汽车发动机的测试设备，可测试分析发动机不同点火时间的效率。信号输入部分由该研究所人员负责，江庚和主要负责仪器的硬件和软件程序工作。到了后期，江庚和所在的电子教研室的一位同事也参加现场调试。该项研究的成果鉴定会由湖南省机械厂召集，江庚和当时虽然已经调往上海第二工业大学工作，但也欣然参加了鉴定会。1986年，该项研究的论文成果《智能化多通道发动机分析仪（DFY-1）》发表。

看到自己的努力终有收获，看到自己研发的仪器自如运转，江庚和此时的心情是欣喜的，而能够回到故土南方，回到上海，落叶归根，更是让江庚和体会到了人情温暖、生活的美好。

提携后进求共荣

1985年，江庚和被以人才引进方式调到二工大工作，担任了二工大电子与电气工程系主任，职称为教授。除了开设智能化仪器的课程，亲自参与授课外，江庚和还积极引领和推动系内教师开展科研工作，这对提升教师的业务能力起了很大作用。

追溯江庚和的高校工作经历，可以发现他在多所学校都担任过教研室主任和系主任，而作为系的行政工作组织者和领导者，他的一个行事风格就是总为他人着想，而不是突出自己。他十分注重教师队伍建设，不遗余力地提携后辈。在二工大，江庚和指引中青年教师把握当时的技术发展特点，在将计算机技术应用于工业设备这一研究领域深度挖掘，许多教师出了研究成果，甚至出了专著，如凌印川、洪晓鸥等教师利用工业计算机控制锅炉的科研工作就取得了成绩。二工大在"文革"后恢复职称评定时，第一批晋升的副教授中，江庚和所领导的电子与电气工程系就占了十多位，是整个学校人数最多的一个系。

这段时间，江庚和一如既往地认真对待教学工作，学生们评价江庚和教授："无论教学还是为人都是我们的楷模，课堂上知识很丰富""做过他学生的都说他好，老师很重视因材施教，课讲得也好"。甚至有学生称"江老师的课是我唯一没有逃过的"。

岁月如梭。1990年，60岁的江庚和临近退休，卸任了电子与电气工程系主任的工作，也不再担任科研项目的负责人，1995年，江庚和正式退休。虽然离开了学校，离开了科研，江庚和却仍然关心着时事、科技以及教育。当学生们来探望他时，他给予了他们许多富有价值的人生建议。

比如谈及"爱国"，江教授说：爱国、追梦的前提是相信祖国，相信它能发展得更好。有些人总认为西方国家什么都好，江庚和教授对此提出了不同意见。他觉得我们现在的社会非常需要"正能量"的气氛。对于个人来说，所谓爱国就要做一个有用的人。对社会做贡献就是爱国的一种表现，贡献不在于大小，而在于你有没有这个心。他认为，文化教育要跟上，我们的德育教育也要从小就重视。"可以把德育教育安排一些课时，包括小学生的德育课也要加一些，哪怕一年加十几个小时。类似于发生地震要怎样逃生，可以安排一些课时让学生学习演练，真正发生时也不会太慌乱了。"

谈到大学学习，江教授认为，大学学习就是学一个基础，学的内容在以后的工作中可能有用也可能没用到，关键是学习能力。在大学至关重要的就是培养学习能力，而不是仅仅学具体的专业知识。但是不学习具体的知识也就无法知道自己的学习能力是强还是弱，在大学学习一门又一门的课程就是能力培养的一种方式。他说："考试是检查你的能力，但不是说成绩好就是能力强。能力强的同学是会自主去学习，使自己真正学会、掌握

江庚和喜爱大自然

了知识。有了能力,在将来工作中碰到问题、碰到新事物才会自主去解决去学习,可以自行摸索,前行。"江庚和还告诫:学知识一定要面广,但还必须有所侧重,要找准一个自己感兴趣的,保持一颗好奇心去努力学习,但是其他领域也必须懂一些。

关于大学生搞创新,江庚和教授认为:在学校里,不一定要创新出什么成果来,能有一个思想宽度、丰富的想象力很重要。创新是不容易的,要有知识基础,创新的前提是你先发现问题。比如,有一篇报道说有个人觉得坐在办公室里看不见太阳,然后他就用高科技的一些发光物体发明了一个东西,让人们觉得室内就和室外一样。所以创新一般都是先碰到了问题,再想对策。然后,你的想象力一定要广,要丰富。在学校,你不妨先研究一些,模仿着去做一些,积累经验,提高信心,以后能力够了再去想完善,出成果。创新不能光注重能力的培养,还要保持一颗好奇心。不要一心想着自己能创造什么，而是要先学知识，培养能力，积累经验，善于从生活中发现问题，多思考，多实践，这就为创新打下了基础。

听罢江庚和教授的叙述，我由衷地感慨，他的经历看似波澜不惊，却闪烁出许多可贵的品质：他所从事的专业兜兜转转跨度大，但他勇于承担开拓者的重任，参与培育建设起新的学科专业；他热爱科研，研发出一批新成果；他甘当绿叶，不遗余力地帮助支持、提携青年教师获得成长；他重视因材施教，学生们反映江教授"课讲得好""知识很丰富"；退休后的江教授还关心着时事，关注着科技。他踏踏实实地做好平凡的每一件事，尽自己的本分，这不就是一种做人、育人的最高境界吗！这样的老教授值得尊敬。

唐蓓茗

教授感言:

在"兴趣"这位最好的老师的引领下,掌握正确的学习方法,不断地取得进步。

郭维芹,1935年6月出生,教授。在上海第二工业大学从事电子技术方面的教学与科研,以大型发电设备故障监测与诊断为研究方向。参与编写的《晶体管电路》发行量达数千万册。主编的《模拟电子技术》获1993年上海市优秀教材奖(本科),主编的《实用模拟电子技术》获2003年上海市普通高校优秀教材二等奖,开发的《实用模拟电子技术》网络课程在2001年教育部的新世纪网络课程建设工程项目评审中被评为"优秀"。主持"发电机局部放电在线射频监测系统"等十余个科研项目。曾获荣誉:上海市优秀教育工作者,上海市科技进步奖二等奖、三等奖,上海市优秀产学研工程项目二等奖,中国技术市场协会优秀项目金桥奖等奖项。

为发电机绝缘故障号脉的人

在采访郭维芹教授之前，不免有些紧张。要知道，他可是资深的工科教授、专家，曾担任上海节能技术研究所所长，有"发电机局部放电在线射频监测系统"这样的科研成果，获得了多项科技奖和"上海市优秀教育工作者"的称号。这些令人敬仰的成就，无疑让专业之外的普通人为之目眩。

而采访一开始，郭老师就让我整个人松弛了下来。他虽然已是耄耋之年，但思维之敏捷、眼界之开阔、爱好之广泛，都与一般意义上人们对老年人的印象不相符。他热爱音乐，家里拥有一套高档音响，还兴致勃勃地拉上我一起听。他热爱美术、摄影，对相机的品牌、性能、价位如数家珍，出外旅行时总是边游玩、边拍照。不管是电脑还是手机，他都玩得不亦乐乎。郭老师说，有些人感叹电脑、手机用得多了，人与人之间的距离却拉大了，他却不这样看，"电脑也好，手机也罢，说到底无非就是工具而已，如果你整天拿它们来娱乐，沉溺其中，那的确会拉大你和其他人的距离，但是反过来看，它也是很好的沟通工具和学习工具，运用恰当，高科技产品是让人受益无穷的好东西"。微信刚问世，郭老师就玩了起来，不仅推荐给朋友用作交流，还在朋友圈发表关于国内外时政要闻的评论。这种对新事物与时俱进的态度，以及和青年的深入接触，或许是他一直葆有年轻心态的最重要原因。

做创新人才

在和青年的交流过程当中，郭老师一直鼓励他们努力做创新人才。他有两个始终坚持的信条。一个是"兴趣是最好的老师"，因此他在教学上始终注重发掘、调动学生的兴趣。他对自己的教学方法颇为自豪，"学生对我任教的课程都很有兴趣,只有对一件事情产生了兴趣,你才会愿意去学,用心去做,想要把它学得最好,做到最好。科研就是要这份心"。另外他强调"大学生学习的目的不在于取得高分,而在于掌握正确的学习方法",在他看来,这正是能让青年人一生获益无穷的收获。郭老师说,他自己就是一直在做感兴趣的事情,活到老学到老,不断地深入研究,决不放弃。也正因如此,他认为,应该引领学生找到正确的学习方法,帮助他们树立自信,青年人做事情需要自信,自信来源于知识储备,而知识储备则是要依靠强烈的学习兴趣和正确的学习方法。

而在这两条之外,郭老师还总结出了一条和青年接触的法则:以"爱"来教育学生,把学生当作自己的亲人。他说,作为一名教师,最重要的,是始终把学生放在心中,给予学生有用的知识,首先教会学生学会学习,"我看到我的学生就感觉很亲,总是在想自己能给他点什么"。曾经有一位老师向他抱怨说现在的学生又笨又懒,郭老师就问他:"如果你的学生是你的弟弟,你的孩子,你会怎么对他?如果一个老师对学生没有爱,是不可能教得好学生的!"

谈到教学生这一点,郭老师说,其实他对当下的中国某些教育是持批判态度的:"创新就是要标新立异,我们一些大学教育学生的方法都是一套模式,统一的大纲、统一的目标,这样学生怎么能去创新呢?创新依赖个性,个性就是差异性,没有个性就没有特色,就没有创造性。"他举了一个自己创新的例子。20世纪80年代,郭老师曾经和学生一起合作,发明过一个电子学实验器,传统的实验是每个电子电路要准备一个专用实验装置。一门电子课程做多少个实验,就要用相应数量的实验装置。郭老师的发明则是用一个实验器,可以做上百个电路的实验。这项发明巧妙地设计了一个底座,适用于百余种电子电路实验,兼用于这个公共印版。每个卡片印有实验电子电路,对应于公用底板。一个卡片放置到底板上,就构成一个电路,只需将电子元器件模块插入电子电路就能接通,从而得以实现一百余项实验。这个新颖的实验器成了上海第一号发明专利,并已在欧洲、美国都申报了专利,国内一百多所大学,包括哈尔滨工业大学、同济大学这些重点高校,都采用了这项发明作为电子学实验设备。这正应了他对创新的理解:"兼容性就是创新。""就像这个实验,各个实验电路本来是各自孤立的,而各个电路内在存着一定联系,即电子电路与电子元器件连接的节点,电子电路的变化是以各节点展开的。用一块公共的底板,就可以把不同的电子电路联系起来,它们彼此兼容,这就是创新的要害,突破旧的固定模式,让孤立的事物之间兼容起来。"

谈到我国科技界及教育界大力推进的创新人才培养,郭老师认为,创新人才不是培养出来的,"如果创新人才能培养出来,就说明有一个统一的模式,那也就没有创新人才了,虽然创新培养不出来,但是创新是可以激励的,应当创造一个良好的环境,给学生发挥自身灵气、施展聪明才智的自由空间"。关于这一点,作为新中国成立六十多年岁月的见证者,他是站在战略的角度来思考的:我们的国家想要真正地成为世界强国,核心要素在于创新型人才,因此,他尤其重视发展学生的个性,"学校要创造不扼杀学生的创造性和灵性的环境,学生也不能总是紧跟老师的脚步,而是要和老师保持一定的距离,给自己留下一定的空间,去做自己感兴趣的研究,去超越自己的老师"。

一切从实际出发,为发电机开处方

郭老师1964年毕业于上海业余工业大学无线电电子学专业。这所大学,就是如今的上海第二工业大学(以下简称"二工大")的前身,这是一所以工学结合、校企合作为办学特色,立足培养应用型技术人才的高等学府。郭老师毕业后留校任教,直到2005年退休。可以说,他对二工大有着一种无可比拟的感情,从学生到教师,不仅仅是身份的转变,更重要的,是让他明白了这样一所学校应该如何从事科研和教学,所以他从刚刚工作开始,一直到现在,都把应用型教学和科研作为主攻方向,"我很清楚学校需要培养什么样的学生"。培养学生最重要的莫过于教材,在这一方面,郭老师倾注了大量心血。在上海业余工业大学的时候,他就参与编写了4册《晶体管电路讲座》（1969—1972年由科学出版社出版），在社会上引起极大反响，发行量达几千万册之多。1991年，他编写的《模拟电子技术》再次由科学出版社出版，因为体系新颖，获得了好评，哈尔滨工业大学、上海铁道学院、江南大学都把此书作为教材，1993年上海市进行第一次高等学校教材评比，此书也荣获了上海市优秀教材奖（本科）。

而1999年由电子工业出版社出版的《实用电子模拟技术》一书，更是郭老师的精心之作。说起这本书编写的缘起，是因为当时二工大的领导找到郭老师，希望由他来编写一本适用于高职技术教育的教材，当时市面上这样的教材还很少，满足不了迅猛发展的教学需求。郭老师仔细思考了一番，结合他平时在科研教学中积累下来的经验，决定把教材的内容定位在实用电子模拟技术。为了编好这本书，他经常下工厂，了解车间的工人需要解决什么样的问题，如何解决这些问题。同时，他也经常询问自己的学生，看看他们到底需要什么，渴望从老师那里得到什么。他把自己在工厂车间里面看到的电子产品的生产情况概括为"六会"：会看、会选、会算、会干、会修、会管。出于培养这六种能力的考虑，他在编写教材时，格外注意突出新颖性和实用性：体系、思路、取材都注重求新，具体内容上则注意由浅入深、好用够用。正是因为做了这样大量的精心准备，这本书最后获得了中国电子技术学科和课程教育的主要奠基人、清华大学自动化系童诗白教授的高度评价，最终于2003年荣获上海市普通高校优秀教材奖二等奖。而这正与郭老师注重研究以职业教育为导向，培养应用型技术人才的高等教育的特点，一

郭维芹主编的专业丛书，发行几千万册

切从实际出发的态度是分不开的。

这种态度最鲜明地体现在他负责研究的"大型汽轮发电机绝缘状态远程监测与诊断系统"上面。这个诊断系统，实际上建立在之前一系列关于发电机诊断的课题之上。还在20世纪90年代初，郭老师就带着二工大的年轻教师和科研人员，参加了上海十四项重点工程攻关项目的招标，从而获得了一个科研项目：发电机火花无线电监测仪的研制（即后来的发电机局部放电射频监测仪）。对发电机系统在线故障的诊断来说，这个项目是必不可少的。项目研发完成后，在上海吴泾热电厂11号发电机组上做了试运行，郭老师根据试运行当中提示的问题，相继开展了"发电机绝缘状态评判标准研究"和"发电机绝缘状态模糊专家系统研究"这两个课题。

郭老师本来从事电子学的科研和教学，发电机系统于他是陌生领域，为了熟悉诊断的对象，他虚心地向发电机业内的人士请教，发电机制造企业的工程设计人员、发电厂的运行人员、电力行业研究所的专家都成了他的老师。国内外的其他发电机局部发电设备，都是就单一的局部放电的信号或射频信号去分析发电机的故障，而发电机故障是一个复杂系统，依据单一的信号分析这样的"孤证"是靠不住的。郭老师开发出了发电机故障在线诊断系统，将射频监测的信号与发电机其他的工况参数相结合来综合判断，用局部放电信号与发动机组出现的其他工况参数相互印证，构成证据链，增加了有效的判据。

这种综合判断的思路，是随一位发电机系统的业内专家到现场诊断的过程中获得的启发。1998年某天，安装在浙江嘉兴发电厂的射频监测仪发出了异常信号，该厂技术人员无法确定究竟是监测系统发生问题，还是发电机出现故障，于是邀请郭老师去现场检查分析。郭老师约请了一位发电机系统的业内专家和他一同前往嘉兴电厂实地调查。他要来监测数据和相关资料，连夜做了分析，第二天又跟着发电机系统的业内专家去查询了从车间到集控室的仪表。之后，面对厂里工作人员提出的停机检查这个方案，郭老师力排众议，大胆提出发电机不需要停止运行。事实证明，郭老师的方案是正确的，发电厂避免了因为停机蒙受的巨大损失，而郭老师也在跟随发电专家检查发电厂各项参数的过程当中，获得了未来研制发电机故障诊断系统的灵感。"有的老师习惯待在教室和图书馆里面，但是从我个人的经验来看，但凡成功的应用性科研项目，非得深入现场体验不可。"这是郭老师的经验之谈。

通常科研项目转化为生产力是非常困难的，"大型汽轮发电机绝缘状态远程监测与诊断系统"这个项目却是个例外。美国著名的Smart Signal公司也做飞机发动机和发电机故障的诊断业务，大约三分之一的美国飞机的发动机与大型发电机系统，都由该公司来诊断，出售给六百兆瓦的发电机用户的一套诊断软件，售价高达30万美元，而诊断的依据却仅仅是历史数据。用郭老师的话来说，这种诊断还停留在"只能监测护理的护士"的水平上，而郭老师开发的发电机故障诊断系统，却达到了"医生的水平"，"可以开出处方来"。

上海电机厂生产的首台六百兆瓦发电机在上海吴泾二电厂运行一年多之后，发生机内漏水。2001年8月初，安置在该发电机上的射频监测仪开始预警，郭老师到了现场分析之后，根据机内漏氢的情况，得出机内漏水的估计。到了8月下旬，机内漏氢的情况愈发严重，按规定需要立即停机检查，但当时正值用电高峰，非计划停机损失太大。发电厂又请来郭老师分析决策，在他的建议之下，发电厂适时停机，推迟检查，发电机带病运行十几天之后，停机解体，最后发现故障是因为汇水管出现裂缝，引发冷却水泄漏。在郭老师的正确决策下，损失被降低到了最低限度。郭老师说，这套监测诊断系统不仅经济效益好，社会效益更大，自1994年以后，已在国内数百台的大型发电机组上投入使用，并且还为巴基斯坦、印度、巴西、印度尼西亚、马来西亚这些国家的机组配套。

一位科研专家的"中国梦"

在采访过程当中，郭教授谈到了"中国梦"这个话题。他认为，中国梦就是"我们国家的梦，民族的梦，看起来好像很遥远，但实际上是我们每一个中国人的梦想"。郭老师说，他自己的中国梦很简单，"就是努力实现自我，做出贡献，你看，其实梦想也并不遥远，研究出的东西对我们的国家有贡献，对我们的教育有贡献了，这就是实现中国梦，是每个平凡中国人的梦想"。

之所以有这样的梦想，和他的成长经历密不可分。用郭老师自己的话来说，出生于20世纪30年代的他，是经历过旧社会的。他的成长时期正逢国共内战，平民百姓过着担惊受怕的日子。"我在中法中学（现在的光明中学）读初一的时候，创作了一幅反对内战的漫画。漫画有四幅，分别用唐诗'春眠不觉晓，处处闻啼鸟，夜来风雨声，花落知多少'作画。我这四幅画是怎么画的呢？春眠不觉晓，就是老百姓在家里睡觉；处处闻啼鸟，就是天空飞机的轰鸣；夜来风雨声，就是从飞机上丢下的炸弹，到处都是炸弹落下来；花落知多少，就是画了战后各种惨淡的景象。这四幅画合在一起，就是讽刺国民党发动打内战。"此时的郭老师的梦想很孩子气，"那个时候，人家问我以后的志愿是什么，我说我只要当一个电车售票员就够了，因为我老是乘电车，很幼稚。随着我学了知识，到后来发现知识不够用，我的梦想也在变"。他就像一块海绵一样，能够敏锐、快速地吸收新的知识，知识面非常广阔，再加上动手能力，很快就确立了研究方向——电子技术。

所以，郭老师后来一直拿自己作为例子，来鼓励学生要争气："青年首先要自信，要学会发挥自己的特长。我觉得，一个人要有自信，首先要有志气。很多事情我为什么敢想呢？因为我的知识面宽。电，我懂；机械，我也懂；而且音乐、设计，我都可以。所以遇到什么新鲜事物，我能很快地切入进去，抓到核心的问题。这就是我的志气。"郭老师说，现在的青年人"知识面不但薄，而且还很窄"，"所以要扩大知识面，不仅对某个感兴趣的领域要学得透，还要多了解其他领域，争取'外行人不说外行话'"。

郭老师拿近年来流行的"大数据"这一概念举了个例子："天天都在说大数据，电视上也说，报纸杂志上、网上都在说。'大数据'跟以前有什么不一样呢？第一，它不是样本，不抽样，全部的数据都拿过来；第二，它主要关心，数据之间的关联性，而不去强调数据之间的因果性；第三，它不要求数据的精确,而注重数据的趋势。"寥寥数语,就道破了"大数据"的实质所在。而他之所以能够做到对前沿问题那么了解,是因为他随时随地做好被学生"挑战"的准备,"我喜欢学生拿问题来考我,挑战我这个老师。我做学生的时候,就爱问老师问题,我教学生的时候,也让他们互相提问、讨论。我的问题学生来讲,我在下面听学生讲,这样就活跃思想了,可以互相促进。虽然是我在教学生,但是我也在向他们学习"。郭老师说,随时随地向任何值得学习的人学习,这是一个老师最起码的品质。

他举了自己发明的触电保安器的例子。在20世纪70年代,年年有为数众多的人因触电而死,郭老师说了一组数据,"全国每年平均因触电而死的有四五千人,据统计,上海市尤其是近郊因触电而死的就有百把人之多"。有的时候,甚至一个小的疏漏,就会酿成极大的惨剧,郭老师和他的学生做了很多调查,"有一次大雨,路边电箱漏电,一家三口人,夫妻俩领着孩子路过,不幸被电击中,三人当即死亡"。还有一些则是农村民

郭维芹在全国性大电机会议上作大会主持

众触电的惨剧："农村有一家人请了木匠修房子，女主人在忙着烧饭，没顾得上制止孩子拿着木匠带来的电钻玩弄，因为电钻漏电，小孩子不幸触电死了。""农家为了方便挂蚊帐，把蚊帐顶的钩子挂到电线上，电线外绝缘层被磨破，挂帐子的人已经带电，但他站在木凳子上操作，对地是绝缘的，不料有人过去扶他下地，两个人一接触，对地构成回路，两人都触电死了。"一番调查下来，得知如此之多的惨剧，令郭老师感到痛心，"不打仗，一年却还要损失四五千人，这驱使我下定决心要搞出触电保安器"。

这种保护措施就是触电保安器，专门针对触电事件高发的农村地区："一个闸管一个村，如果一家漏电，它马上断电。"流过的电流强度多大算漏电，是经过郭老师反复实验的，之前规定的强度是10毫安，"我担心10毫安对有些人的身体还是有影响，流过心脏的时候吃不消"，于是他亲身做了很多次实验，"用两个手指一摸，电流从两个手指之间短路了，触电保安器动作了，起到保护作用"。他就这样冒着生命危险亲身体验人体忍受的极限，然后不断地做改进试验。

触电保安器做好之后，需要向各村庄推广，当时农村的电工文化程度都比较低，没几个小学毕业的。"给他们讲什么欧姆定理、电阻阻值大小，及电阻串联、并联的知识他们根本理解不了"。于是郭老师就拿在上海马路上步行打了个比方："在南京路上行走，人多很挤走不快，比喻电阻阻值大，延安路很宽敞人又稀少行走得快，就好比电阻阻值小。"前来听课的上百个人大多数都一头雾水。好在其中有一个人听懂了，郭老师就让这个人上台来讲，经他一讲，全场就都听懂了。"他用开沟打了个比方，沟深，流水就畅，比喻电阻阻值大；沟窄浅，流水就不畅，比喻电阻阻值小。把两条深、浅不同的沟串联在一起，宽深沟后面接了条窄浅的沟，宽深的沟就给浅窄的沟堵住了。比喻两个大小阻值不同的电阻串联在一起的支路，电流大小由阻值大的决定；如果深浅两条沟并排在一起，水容易往深宽的沟流。所以，并联支路的电流大小取决于阻值小的电阻。"郭老师说，这件事情，让他更懂得了"老师要向学生学习"的道理。"教师要向一切值得学习的人学习，和他们交流的时候，要懂得他们的语言，懂得他们的生活。"

上海第二工业大学校标的雏形也出自郭老师之手。郭老师说，这个设计，凭借的是自己多年教学和科研的感受，"LOGO采用英文字体SSPU组合，SPU三字母用纯净的蓝色，以表现睿智、科技、效率、创新的意象，让人联想到大海一样的广阔，象征对祖国、对党、对人民的忠诚，用蓝色透露我生命中最深的爱。其中另一个S则采用似新鲜血液的红色，象征学校发扬'红色血脉'的传统"。校徽图形设计最关键的是形似一棵树，以此体现学校"树人"的教育理念。曾经有一次，郭老师受上海市教委邀请，去某个会议作报告，会上有人问郭老师："为什么职业教育或者专科学校的基础知识是以'够用为度'？"郭老师用"造楼宇打地基"这个比喻作答：各类学校有不同层次，有些学校是超高层，像清华、北大，地基需很深，即基础知识深厚，学生终身受益；有些学校是高层，像复旦、交大，地基也很深，但不如清华北大那么深；还有不少学校就像是小高层。我们二工大是多层，地基打个七层、八层就够了。关于打基础知识，郭老师又用了一个"根深叶茂"的比喻作补充："根是基础，根长了，树干会长，树干长了，反过来又给根以营养，树和根就这样反复多次地生长。这就是我们的教育模式，基础知识可以多次反复，教育过程甚至可以先学专业、后打基础。就好比'小孩子先吃饭，然后才知道饭从哪里来'。"郭老师说，"根深叶茂"的思路，就是他所认识的二工大跟其他一些大学相区别的办学理念，"我们的教育思想，就是终身教育"。

所以，郭老师也一直鼓励自己的学生要有志气，"一定要争取拿第一，想要拿第一，不一定能拿，但是不去争取拿第一的话，那连第二、第三都拿不到。我们的学校，只要有眼力、有魄力、有功力，全体教职员工的积极性调动起来，大家一起努力，完全是可以实现自己的梦想"。郭老师说，首先要敢想，想了以后要做，不要说的很多，关键在于去做，为产业升级发展多出一把力，多解决一些难题。实事求是，行胜于言，是他这位理工科知识分子毕生坚持的信念。

胡　辉

教授感言：

年逾耄耋不稀奇，童心如水乐兮兮，唐僧历劫九九何，仗朝之前有惊喜。当今有疾何所惧，人生百味各不齐，从容细研抗衰疾，科学养生梦九秩。

何守才，1964年毕业于合肥工业大学无线电技术专业，从事教学与科研43年，享受国务院政府特殊津贴。现任上海高教学会计算机专业委员会名誉主任，历任全国数据库专业委员会委员、上海市计算机应用软件培训中心理事长、上海高校学会计算机专业委员会主任兼秘书长、上海第二工业大学学术委员会委员、计算机系副主任、数据库研究所所长。参与国家科委863科研项目2项，国家自然科学基金科研项目1项，上海市科委、教委、经信委，以及浦东新区科委等课题数项。策划组织上海市计算机专家联谊会、院长系主任信息化论坛10多年。其中承办全国数据库学术会议两次，参加国际数据库学术会议5次。

主编《数据库综合大辞典》《计算机机房工作实用大全》《网络通信技术实用大全》《电信技术实用大典》《数据库百科全书》五部1300万字信息化工具书。

曾获教育部科技进步二等奖，上海市科技进步二等奖2项、三等奖1项，华东地区科技图书一等奖，第11届全国优秀科技图书三等奖1项，学校科技特等奖、一等奖数项，还被评为先进工作者等。

走在时代前列的"创新不老松"

2009年,《数据库百科全书》首发仪式在江苏省海门市举行。全国人大常委会委员、原教育部副部长吴启迪教授和国家自然科学基金委副主任孙家广院士为该书题写序言。吴启迪副部长还专程参与新书首发式,并代表孙家广院士为新书首发祝贺,盛赞该书"功在当今,利在千秋"。

这本书历时5年才完成,来自大陆、香港及台湾地区以及海外60多所高校的180多位数据库专家共同参与编写了此书。该书几乎涵盖了当时所有数据库领域成熟的术语、概念、技术、方法以及系统和标准。从多角度、多方面反映了当前数据库的理论、技术和最新发展,总字数达到200

《数据库百科全书》新闻发布会,主编何守才发言

万字。《数据库百科全书》既可以作为数据库专业人员的工具书，又可以作为数据库及信息技术爱好者学习数据库知识的参考用书。

这套书的编者何守才教授也进入了人们的视野。这已经是何教授担任总编，全面负责策划、组织的第六部计算机科学领域的"全书"了。何守才是谁，为什么这么重要的《数据库百科全书》由一位来自上海第二工业大学的教授带头编纂？他有什么金刚钻，能屡次组织起全国各大名校的教授们一起来进行如此重要的编纂工作？

今天让我们来看看这位中国计算机信息化工具书主编的人生历程。

来自安徽的寒门学子

1937年，何守才出生在安徽省合肥市一个普通的市民家庭，父母都是文盲。当时日寇侵华，为了逃避战火，父母带着他来到安徽六安的农村。日本投降后，何守才随着父母回到了合肥市，进入合肥市三育小学（现南门小学）读书。聪颖的何守才连连跳级，仅用了三年就完成了小学课程。1955年，何守才考入了安徽省重点中学——合肥市第一高级中学，因为成绩优异，被评为三好学生，一直担任班级的团支部书记。本来他可以被保送至西安航空学院，可是一场突如其来的肺结核病改变了他的人生。1959年，他考入了合肥工业大学无线电工程系就读。1964年，大学毕业后，他到了上海，选择了上海第二工业大学，就此开始了自己的大学教师职业生涯。

上海第二工业大学是上海市在1960年创办的地方大学，这所学校曾被誉为"全国半工半读的一面红旗""成人教育战线的排头兵"。当时的何守才在学校无线电、仪表教研室，专门讲授脉冲技术，并担任无线电仪表实验室主任。"文革"10年，何守才被迫放弃了教学科研工作，他下干校，到工厂，搞教育革命小分队。就是那段岁月里，何守才也有自己的收获。他在上海无线电仪器厂半工半教，在中国唱片厂教学，在闸北分校的电子程控群控班教学。他和很多师生结成了深厚的友谊，这些师生均是来自生产岗位的技术骨干。何守才说，这也是人生的一笔财富。在那段时间里，他居然还编译了超大规模集成电路设计的三本教材，在上海无线电十四厂、元件五厂为科技人员讲授。

1976年，"文革"进入尾声，二工大四个分校的200位教师集中到卢湾分校，何守才担任专业大组长，负责强弱电专业的筹备工作。当时，上海第二工业大学建立了自动化控制系，下设计算机与自动化两个专业，使教师们第一次接触到工业控制计算机。学校内部调整，并从西安、北京等对计算机专业的调研，何守才被学校委以重任，担任二工大计算机教研室主任兼计算中心主任，在上海市科学技术委员会领导下创办了上海市计算机应用软件培训中心。他冲锋在前，开始了计算机领域的探索之路。

何守才以他敏锐的洞察力抢得计算机研究领域的"先机"。他多次依托学校向市科委、经委申请经费，1979年申请了120万元购置一套较为先进的NOVA机（DJS-131）系统，含10个终端，上海科委还在东亚饭店召开全国现场会，将二工大机房作为推介窗口。1982年他大胆申请了42万美金购置了一套VAXII系列机器，设备需巴黎统筹会审批，而在当时上海重点高校都没有这些设备，后来经过国家经委三次办理，市科委多次协调，终于将这台重要的机器采购到了上海。他担任上海市应用软件培训中心理事长期间，又为二工大向科委申请了20万资金，配置了十多台PC机。当时，一所成人高校配置了如此高端的计算机设备，让"同行"艳羡不已，NOVA机计算中心、VAXII/750计算中心、PC机计算中心相继成立。当时的上海市副市长刘振元还到二工大计算机机房来视察工作。在摸索中，他也为上海培养了一批懂专业又懂计算机的复合型人才，特别是应用软件培训中心设立的目的是培养非计算机专业大学生，使得他们成为既懂得专业，又会应用计算机的复合人才，在一年内把计算机专业的基础课和专业课都学完。后来调查下来，在这里学习过的学员都成为20世纪80年代中后期各单位的技术骨干。

在教学中，何教授也赢得师生们的广泛称赞。当他看到有同学上课时不认真作笔记，却不斥责他们，而是课后拿出他珍藏近50年当学生时代的笔记本。他那本曾经用来作《电磁场理论》《高等数学》笔记的硬面抄，每页都用竖线将页面划出三分之一的空档，左边三分之二是课堂笔记，右边的这三分之一则写满了当年的学习体会。字迹之工整，治学之严谨，让那些学生汗颜。其重在言传身教，潜移默化，使得他带教的学生都能养成良好的学习态度。

何守才告诉记者，年轻时，他在《毛泽东选集》中学习哲学思想，从《三国志》中学习为人处事，用《孙子兵法》开拓自身的思维方式。平时他总是告诉学生们，年轻时要多读书，读好书，做人要宽容，做事要认真，思维要广阔。他的座右铭是"勤俭朴素治国本，谦虚谨慎易近人"。

何守才也很感谢党的培养，他说："我是一个寒门子弟，每一次进步都是党和国家的培养，所以格外珍惜每一次学习成长的机会。"

把目光投到了"数据库"方向

数据计算是计算机的优势，但是大量数据出现后，数据管理是一个大问题。

1982年夏天，全国数据库学术会议在宁波举行，他由上海市科学技术委员会推荐，参加了此项会议。北京大学、南京大学、上海交通大学、中国人民大学的知名院士和教授参加了此次会议。在此次会议上，何守才了解了数据库的知识和发展，也认识了各高校从事数据库的相关专家和学者。何守才的大学校友贾成炳在机械部教育局工作，1982年8月，得到校友推荐的何守才前往湖南大学参加由机械部教育局组织的数据库研修班，美籍华人杨超植教授主讲U11man数据库系统原理，在这次研修班上，何守才系统地学习了数据库知识和理论。1983年，他又参加了复旦大学施伯乐教授组织的数据库系统应用研修班。这几次学习经历将何守才带入了一个全新的学科领域。

果敢的何守才敏锐地感觉到这是计算机学科领域中的蓝海，他迅速转变了自己的研究方向，开始专注于数据库设计、应用和安全领域的研究。

他挑选出了系里几个精兵强将成立了数据库教研所，围绕数据库安全、网格系统等几个方面开始了系统的科研工作。

他从1982年开始在学校讲授"数据库系统原理""数据库系统概论""分布式数据库"等课程，以启发式和讨论式的教学方式，提倡学生独立思考，去了解前沿的数据库知识。1984年，何守才完成了上海市科委下达的分布式数据库课题，和陶霖、朱宁老师一起获得了上海市科技进步三等奖。

为了推动上海数据库领域的学术发展，以上海第二工业大学名义，何守才联合复旦大学、上海科技大学等在上海主办了两届全国数据库学术会议，一次是1985年全国分布式数据库学术会议，另一次是1990年第九届全国数据库学术会议。从1986年起，何教授先后参加了五届的国际数据库学术会议（VLDB），在国际数据库学术会议上，他基本掌握了国际数据库发展的方向和动态，延伸了学术的广度和深度，这对他未来主编几套数据库工具书奠定了基础。

1984年，国务院学位委员会和国家教育委员会，同意二工大成为授予本科毕业生学士学位的试点单位。1989年，二工大正式获得学士学位授予权。此前在教育部学位办例行的检查验收中，其中计算机系采用北京某高校的试卷，考评结果为平均分73分，达到全国高校中等水平。

2003年，他创建了二工大的数据库研究所，先后担任了上海市计算机用户协会副理事长、上海市计算机应用软件培训中心理事长、中国计算机学会数据库专业委员会理事、上海高等教育学会计算机专委会主任等。

促进数据库技术发展

借助学校的平台，1983年，上海市科委委托二工大计算机系举办了NOVA机多用户系统报告和研讨会。1985年，何守才牵头又在上海樱花度假村举办了"全国分布式数据库学术会议"。1986年，何守才牵头在上海公安部第三研究所举办上海数据库研讨会。1990年又在上海国际交流中心参与承办了"第九届全国数据库学术会议"，全国近400名专家学者参会。

从20世纪90年代起,何守才又紧紧把握信息技术发展的脉搏。他认为要更有效地推进中国信息产业的人才培养和知识创新,必须对这一发展极其迅速的新领域,及时地进行知识的交流、梳理、总结和创新,使理论更完整,知识更规范、更系统。而出版信息技术领域的大型工具书,不仅对提高国内信息技术水平及理论的规范化、系统化有积极的推动作用,同时对整个信息产业有着重要的实用参考价值。

在信息技术的教学与科研领域耕耘了数十年的何守才开始策划、组织由国内计算机学科专业技术领域内专家共同参与撰写数据库领域知识大全的工作。他先后策划、组织并主编了《数据库综合大辞典》(220万字,1995年出版)、《计算机机房工作实用大全》(300万字,1997年出版)、《网络通信技术实用大全》(320万字,2000年出版)、《电信技术实用大典》(320万字,2002年出版)等信息技术领域的大型工具书,这些具有前瞻性、实用性和先进性等特点的工具书,也获得了学术界的交口赞誉。其

何守才主编的大型工具书

中，《数据库综合大辞典》由全国100位专家历时四年编纂，曾获教育部科技进步二等奖，评为华东地区优秀科技图书一等奖、上海50年精品图书，日本东京大学尖端科学研究所所长大须贺节雄称教授其作为"世界上第一部数据库大辞典"，对数据库界影响极大。《计算机机房工作实用大全》系统全面介绍了计算机机房工作需要的软件、硬件、技术及维护的大型工具书。《电信技术实用大典》获得2003年全国优秀科技图书奖三等奖。时任上海市教委主任张伟江，在千禧年的大年初一打电话向何守才祝贺：出版《网络信息技术实用大全》，对他建设上海高校网很有启发。由于其在信息技术领域大型工具书编纂方面卓有成就，人们就送给了何守才"大全教授"的雅号。也正是这些沉甸甸"砖"的铺垫，使他在进入古稀之年后仍挑起《数据库百科全书》主编重担。

  在奋斗的路途中，何守才付出的艰辛，很少有人知道。他买了许多"百科全书学"方面的书籍给数据库专家参考，与大家共同讨论。经过总结、归纳、提炼，何教授先后自编了6个版本百科全书编写指南，印发了16期电子版通讯，分别在清华、浙大、复旦、南大、南开、二工大等高校举办了17次研讨会，以"逐步求精"方法，尽可能使编纂稿件达到百科全书的规范，内容正确。

  何守才还聘请了业界相当权威的老专家担任分篇主编，多次交叉审稿，保证全书的质量。审稿时，当审稿专家对同一篇稿件意见相左，他明白"君子和而不同"，表达不同意见正是出自对学术的尊重，所以不厌其烦地邀请该领域更高层次的专家多次审稿，若稿件确实有问题，则返回给作者修改，修改的过程也是作者逐步提高的过程。

  《数据库百科全书》的权威性毋庸置疑，参与编纂工作中的有30多位曾在国外从事过与数据库相关的研究和开发工作，有70位参加过国际学术会议且大多数作者是在数据库领域有较深造诣的专业人员，全国数据库著名学者尽聚"麾下"。

  创新性也是该书一大特点，内容上、编纂过程都是首创。由于作者分布在全国24个省及香港、台湾地区，作者众多，地域分散，5年期间的沟通、协调技巧可想而知。该书编委会还采取分篇负责制，每篇主编分别由北京大学、南京大学、中国人民大学、中科院研究生院等著名学者担任，篇主审共同负责各篇质量。17次研讨会每次采用逐步求精的方法，并对每篇拿出两条词条样稿来进行讨论，统一标准，供作者参考，条目采用三层次式框架组织，使得该书更具有规范性和高质量。该书有三种检索方式即专业查询、汉语拼音查询与英文查询，故具有查询快的特点。

鲜为人知的是，工具书在印刷之前，出版社要求作者通读全文，提出修改意见。就在《数据库百科全书》印刷前，何守才因为心脏病突发住院，他很感谢尹良琎研究员用了近十天通读审稿，还指出了存在的不少问题。

除此以外，何守才还主持编写了《第九届全国数据库论文集》和《薪火相传、再创辉煌》等非工具书。每一次修改后，工具书在出版印刷前，何守才都要通读全书。一位学者用20年的时间主编五部大型工具书在国内外是罕见的。

幸福快乐的"创新不老松"

强将手下无弱兵，何守才领衔的科研团队也是以"创新"为主旋律，他们积极追踪信息技术发展前沿，在网络管理信息系统开发、网格技术研究等方面同样业绩斐然：他的团队参与了两项国家863科技开发项目、国家自然科学基金会项目以及多项上海市科研项目；2005年承担横向纵向科研课题4项，经费总数在学校是领先的；与蒋川群教授等共同申报国家863项目的"面向上海城市社区信息服务示范工程"还荣获2001年上海市科技进步二等奖。他的很多学生和老部下现在都成长为国内外的教授、研究员、高级工程师、研究所所长、委办局领导，以及企业单位负责人和技术骨干，为国家做出了很多贡献。

任教43年的教研生涯中，何守才先后任计算中心主任、系主任（副主任主持工作）、研究所所长，晋升教授，享受国务院政府特殊津贴，多次参加国内外学术会议，也创造出了骄人的科研战绩，他获得国家教育部科技二等奖1项，上海市科技进步二等奖2项、三等奖1项，华东地区科技图书一等奖1项、全国优秀科技图书三等奖1项等。1992年他获得国务院政府特殊津贴，2010年，他获得全国数据库专业委员会杰出贡献奖。退休后还评上二级教授。上海第二工业大学瞿志豪副校长对他的评价是：何教授是上海第二工业大学杰出的教授之一。一辈子兢兢业业做学问，为人师表，教书育人，是二工大人的一位楷模。正是因为何教授在数据库领域的不懈努力和追求，上海第二工业大学承担或参与承担了多项国家科技部、国家自然基金、上海市教委、科委、经委等的研究课题，为普通高校树立自己特色创造出了一个新模式。

　　70岁时，何守才退休离开了长期从事的科研教学岗位。今年的何守才教授已经是耄耋之年，但是他依然关注着计算机领域的各种变化，对于学术的追求是他一直的追求。他在二工大的八个校区都工作过，至今还精心保存着自己在二工大工作、生活过的照片。何教授影集中每张照片的下方，都有一行注解，标明拍摄的时间、地点与人物，可见其细心入微。

何守才在上海第二工业大学校门前留影

在他的学生里有很多是教授、高工、委办局领导及企事业单位的老总与工程技术人员，与学生们合影，他满脸笑意，很是幸福、满足。2010年，他正式向上海第二工业大学图书馆捐赠了全部自己编著的学科书籍，他希望这些大型工具书可以为我国的信息技术的发展和人才培养发挥更大的作用。

退休后，他还发挥余热，每年举办上海高校计算机专业学术交流与论坛，其中包括物联网和大数据论坛等。何守才说，我们每一个人，一生中可供学习的机会很多，但是能够坚持终身自学的并不是太多。我们在学生时代，是老师带着学；在工作时候，是组织引导学；在退休时候，是后代推动学。而真正能够有意识地逼着自己去主动学的却并不多。俗话说，师傅领进门，修行靠个人。而很多人，不是外界条件不够，而是个人修行不够，总是要等、靠、要，不能挤出时间去主动学一点、专一些。吃得苦中苦，方能甘甜来。在学习的问题上，来不得半点虚假，是需要花费真功夫的。何守才就是这样每天自觉花大量时间去学习的人，他老伴有时候戏称，丈夫一辈子都和书"结婚"了。

何守才有一个幸福的家庭，他的老伴是自己的高中同学，子女国外从学归国后自己创业，事业成功。他有两个可爱的外孙子，全家聚在一起其乐融融，非常快乐。退休后的何守才爱上了旅游，工作期间是参加各种学术会议去了全国各地和世界各地。退休后是自费旅游，足迹踏遍了亚洲、欧洲、美洲、大洋洲，见识了各地的风土人情，充盈了自己的心灵。笔者采访他时，他刚从国外旅游归来。

何守才虽然因为疾病，动过三次大手术，肺部被切除了一大叶，前列腺也被切除了，但是他从不悲观，始终保持着一颗乐观向上之心。在何守才编辑的《五秩回眸》个人回忆录的最后一页，有他自己亲笔书写的一首诗《笑对人生·咏康》：年逾耄耋不稀奇，童心如水乐兮兮，唐僧历劫九九何，仗朝之前有惊喜。当今有疾何所惧，人生百味各不齐，从容细研抗衰疾，科学养生梦九秩。

吴苡婷

教授感言：

"一万米高空是晴天"，拥有积极乐观的心态，就能不断前进，就有上升的空间，拨云见日，享受晴天。

唐国春，1943年出生于上海。1965年毕业于复旦大学数学系。上海第二工业大学管理科学与工程教授。1984年至1986年间于美国得克萨斯大学奥斯汀分校做访问学者。长期从事应用数学、运筹学与排序论的教学和研究，曾获首届上海高校教学名师奖。历任中国运筹学会常务理事、中国运筹学会排序分会主任、上海市运筹学会副理事长，并担任多所大学的兼职教授及硕博士生导师。

一万米高空是晴天

唐国春老师住在四川北路上的一间老式公寓里，从建筑格局一看便知是民国老建筑。"原来这里是美军招待所，专门建来让美国军人住的，所以才造了电梯，当时很少见的。中华人民共和国成立后，陈毅老总说，这样好的房子应该留下来，给我们自己的专家教授住。"对这间公寓的历史，唐老师乐呵呵地作了一番解说。

哪怕已经过去60多年，这里已经换了一批又一批的住客，唐老师也依然符合这间公寓最初的居住标准，他的简历上写着：从事运筹学和排序论的教学和研究51年，主持和参加8项国家自然科学基金项目和7项上海市项目，发表论文180多篇，其中SCI论文17篇。"学术权威"这样的称号，唐老师自然是当之无愧的。

"歪打正着"读数学

不过，唐老师毫无学术权威架子，倒颇有几分文艺气质。他研究"排序论"，"什么是排序，就是优化嘛"，在他经过了"优化"的、整整齐齐的书架上，一眼就能发现好些俄罗斯小说：《契诃夫短篇小说全集》《安娜·卡列尼娜》《战争与和平》……唐老师高中、大学都学俄语，喜欢俄罗斯文学再正常不过了。

唐老师一点不觉得自己喜欢文艺有什么可奇怪的，"实际上，我走上数学道路才是歪打正着"。他在读高中的时候，就是文娱积极分子："我做过文娱委员的。我会吹笛、拉二胡。我还是手风琴手，虽然在伴奏时经常出错。我喜欢指挥大合唱。我也喜欢自娱自唱，就是喉咙粗哑，音色难听，只能自诩音准、不走调来自我得意一下。"当时中国还袭用苏联学制，五分是最高分，唐老师高中毕业那年，文理生化史地外语体育各门课，"门门都是五分"，又是数学竞赛第一名，还拿了物理竞赛奖，"如果我自己选，可能就去清华读物理了"。当时执掌复旦数学系的苏步青先生，改变了他的命运："有一天班主任来找我，要我去校长办公室一趟，去了之后才知道，是复旦的两位数学老师来面试我。面试的两道数学题我现在还记得，面试结束之后没几天，我就收到通知，被录取进复旦大学数学训练班。"这个班，就是苏先生办的。

复旦生涯无疑是难忘的。1958年，复旦数学系在"大跃进"精神的"鼓舞"之下，搞了一次教学改革，出版一套新的教材，1960年5月之所以从全市各所中学选送120名同学提前入学，就是要使用这套新教材，希望能够缩短学制。经过两个月的学习，有21名同学不适应，退回中学，以便继续参加高考。然而，两年之后，从1962年起国家发生3年自然灾害，学制并不缩短，唐老师和班上同学一起，共同学习了5年，"目前我们的同学当中，有两名是中国科学院院士"。1965年毕业之时，受唯成份论思潮影响，留复旦的同学出身必须"好"。不是"红色"出身的同学，都心悦诚服地服从分配。或者去中学，或者去"新型"教育制度的大学——半工半读师范大学和半工半读工业大学，把青春献给教育事业，同时接受知识分子改造。唐老师被分配任教的学校，就是上海第二工业大学（以下简称"二工大"）。

二工大的五十年岁月

直到今天，到二工大报到的诸多细节，唐老师仍然记得清清楚楚。报到的那天是1月18日，报到的地点是四川中路270号，报到的单位是上海市半工半读工业大学人事科。前一天周日，他已经去270号"打过样"，门口没有任何招牌，站在半开半闭的门前向里面张望，只有转弯通向二楼的楼梯。他不禁纳闷：这叫"大学"，还是"工业大学"？报到后，他去了九江路41号，才看到大楼墙上竖立的校牌，这41号大楼只有四楼是"属于"学校的，其他楼层都是工厂等外单位的。学校没有食堂，吃饭要到附近的上海市总工会六楼,没有电梯,要饿着肚子爬六楼。然而,"就是在这样简陋的校舍里,我们学校培养出许多著名的劳动模范",唐老师自豪地说,"因为入学的学生是具有丰富实践经验的生产骨干"。青年教师首先要过教学关。工作的前半年,根据学校安排,唐老师一面协助教研室做些事务工作,一面四处"听课",以增长经验。当时的二工大还是所半工半读大学,学生都是工作在第一线的"排头兵",受单位选送来学校深造。为了更好地办学,学校规定,青年教师要向已是工厂骨干的学生"拜师",在签订

1966年,唐国春在教室上课

了"师徒合同"后,唐老师正式拜一位副厂长为师,每周都去工厂劳动一天,"半工半教"。这样一来,"先生"也成了"学生"。回忆这段经历,唐老师坦言:"虽然教学之外还要去厂里做工件,但他们对待学习的态度切实感染着我,激励着我。现在学校也要求青年教师下企业,这是对的。"

之后不久,到了"文革"期间,唐老师和同事们一道去奉贤办"五七"干校。他至今记得,看到海滩上爬着许多活的黄泥螺,"我们把黄泥螺抓进瓶子,浸在黄酒里,据说起码要浸一周才能吃。可是,当晚有人迫不及待尝鲜,第二天就拉肚子"。从干校回来之后,他又去了金星金笔厂搞"教改"。由于金笔厂要转产电视机,厂里办起大学班,唐老师便利用专业特长,编写了一套结合电视机生产的数学教材。他就是这样的,心中永远记挂着数学。

1984年到1986年,学校公派唐老师去美国做访问学者,这是他的学术生涯转折点,从此之后,他就转到了研究排序论的新方向。用唐老师自己的话来说,他将排序确立为重要研究方向,"不仅仅是得到一两块'金

子',不仅仅是发表一两篇论文,而是发现了一座可供不断挖掘、开采的'金矿'"。但在出访美国发掘"金矿"之前,他遇上了一个难题,过去学的都是俄语,英语水平实在拿不出手,唐老师只能抓紧时间"恶补":"我记得当时是去上海外国语大学,封闭式训练,一整天都关在那里,请外国教师补习,不能回家。那个时候我女儿还很小,也没办法,只能硬着头皮学。"一年半下来,勉强过关,踏上前往美国的旅程,两年之后,"我跟美国人打交道,用英语写论文,就都没有问题了"。

1986年,唐老师留学归来,在二工大时任校长汤佩铮的支持下,他组建了一个跨系的排序研究室,在美国确定下来的研究方向,在中国落地生了根。经过将近四年的积累,唐老师向学校领导提了一个建议:在二工大召开全国性排序论学术会议。当时的二工大只是一所成人高校,规模并不大,知名度也不算高,发起召开全国性的专业学术会议的困难是显而易见的。但当时的校领导对此非常鼓励,随即批给唐老师四千元用于筹备会议。对此,唐老师至今仍是感念:"1990年的四千元可不是小数目。除了经费资助,学校还给予我人力支持。"当时的校办等部门的工作人员共同参与,一齐动手,刻字、油印,完成了一系列的会务工作。会前筹备也经过了周密考虑,随邀请函一同附寄了回执。凭借校内同事的齐心协力,再加上中国科学院应用数学研究所研究员越民义和韩继业两位专家的鼎力支持,1990年,在二工大召开了全国第一次排序论学术交流会,同时成立了挂靠在二工大的国家二级学会——中国运筹学会排序专业委员会(排序分会)。在此之后,二工大的排序研究逐步受到国内外的关注。随后二十五年间,在唐老师的推动之下,排序论的理论研究和应用研究始终保持蓬勃发展的势态:在华中科技大学、郑州大学、中南大学、沈阳师范大学、暨南大学和南开大学等高校召开了全国第二次到第八次排序论学术交流大会,推广了国际上采用的三参数表示,修订了《英汉排序词汇》。唐老师所在的二工大排序学科和排序研究室因此在国内外产生了相当广泛的影响,他本人也负责和参加了8项国家自然科学基金项目。有人算了一笔账,唐老师以4 000元的学校投入,换回了金额将近57万元的7项国家自然科学基金项目的回报。

一万米高空是晴天

时至今日,唐老师在二工大任教已经超过了50年,他对自己的老"二工大"人这一身份很感自豪。从教这些年来,唐老师说,自己的主要体会有两条。一是"培养分析和解决问题能力强的优秀的学生需要优秀的教师,要争取成为优秀的教师,就必须开展科学研究";二是"心胸要开阔,天地就宽广"。

谈及第一条,唐老师提到,把教师比做蜡烛是很形象的比喻,"可是,在浦东人的词汇里,'蜡烛'是一个贬义词,'侬迭格人是蜡烛',意思是'你这个人是傻瓜','点亮了别人,耗尽了自己'"。然而,在他看来,正是在点亮别人的同时,才体现出教师的人生价值,"千百万支蜡烛,给人们带来光明,带来温暖,培养出千百万人才,为社会做出贡献"。

从这个比喻出发,唐老师说,燃烧要有三个条件:可燃物、氧气和温度,"如果说教师是蜡烛,是可燃物,那么没有氧气,不进行化学反应,蜡烛是不能发光发热的"。而教师的"氧气",唐老师认为是科研,是不断更新的知识,是不断提高的能力,"我过去自己做学生时学到的五年专业知识,在后来教学上直接派用处的并不多。我在学校教的《运筹学》,在那时还没有形成一门学科。然而,我在学生时期受到的严格训练,学会分析问题和解决问题的能力,是我一辈子享用的宝贵财富。有了这种'能力',不断更新知识,才能胜任教师的职责"。他特别强调在教学方法上创新,早在20世纪60年代,他就把学生组织成讨论班,通过讨论调动大家的学习积极性。对待备课,他也精心准备,绝不马虎,"《运筹学》这门课我教了十二遍,备课也备了十二轮,每一轮都有新东西"。他还注重学生能力的加强和素质的提高,培养学生从正向和逆向两个维度加以思考,鼓励学生"发问"。也正因如此,2003年唐老师被评为首届"上海高校教学名师"。

除了氧气之外,燃烧还需要温度,需要一个起点,"单靠自身摩擦达到燃烧所需要的温度是比较难的。新教师来到学校交给他(她)一本书,就

1993年2月21日，唐国春到苏步青教授家中探望

要求上好课，也是很难的。学校创造条件，经过中老年教师传帮带，可以加快达到胜任教学的起点"。唐老师说，谁都有过起步教学和起步科研困难的经历，他非常希望能够支持和帮助中青年教师过好教学关和开展科研，"我鼓励和赞助我们研究所和项目组中的中青年教师出席学术会议、出国考察、审查期刊论文、审查博士研究生和硕士研究生的学位论文，帮助他们确定科研方向、选择科研题目"。总而言之，他愿意作为"阶梯"，让中青年教师在高的起点上前进。唐老师曾经出了一个题目给数学系的一位青年教师做，"我说这个题目肯定能做出，因为理论上已经证明。但具体计算我没有算过，我要她用单纯形法算"。这位青年教师画了几十张表格，交给唐老师，他看过之后，发了两封E-mail批评她："你有两个缺点要注意。一是粗心，二是马虎。如果你不改正这两点，要取得好的研究成果是不可能的。"这位老师看到唐老师的批评之后，认真修改，从数学符号，到英文字母大小写、正体和斜体，一一达到规范。后来，她自己发现计算有错误，并从错误的计算中找到很简单的方法，从而完美解决了这个问题。"我们都很高兴。这个问题是她解决的，是她从错误中解决的。"唐老师说。像这样帮助青年教师进步的事例，还有很多。

唐老师的第二点体会，和他2001年在美国西雅图机场的经历有关。那次降落时，狂风骤雨，他从窗舷内向外看，机翼就像纸做的一样，上下抖动，"当时我简直不敢再看窗外。后来机长果断地急速下降，避免了一场灾难"。后来他感叹道："无论地面狂风暴雨，严寒酷暑，一万米高空永远是晴天。"不久之后，他在《二工大报》上以"一万米高空是晴天"为题，发表了一篇短文，文章里说："一个人的一生怎样才能有意义呢？一个人要能对社会做一点好事。一个人一生中会做许多蠢事，也会犯很多错误；当面会听到许多'赞美'，背后也存在着很多本人听不到的'诋毁'。你做了好事，不一定会有好报，甚至还有人说你虚情假意，说你别有用心。然而，如果一个人总是计较别人的'赞美'和'诋毁'，那么他肯定是活得非常累。宠辱不惊，虚怀若谷，不汲汲于荣名，不戚戚于卑位，应该成为我们的座右铭。评上劳模，当上先进，是对你的'肯定'；遭受批评，被人误解，是对你的'否定'。不能要求'肯定'和'否定'永远是百分之百的正确。恰恰相反，'肯定'和'否定'往往不是事实，或者不完全是事实。主观和客观不可能永远一致。角度不同，看法常常不同。'站在'一万米高空，不囿于个人的恩怨，就会'恬淡无人见，年年常自清'。走自己的路，不计较别人的态度，那么也就会对社会做更多的好事。"

2008年4月，唐老师65岁，到了退休年纪。退休之后的生活，比之前更加忙碌：他没有离开二工大，也不去其他学校任教，而是接受了返聘，继续回到二工大工作。他主持的自然科学基金重大国际（地区）合作研究项目《In-Bound物流排序（调度）》在2010年6月结了题，获得了2008年上海市科学技术进步奖自然科学奖三等奖。每周三他仍然会去学校，和排序研究室的同事讨论学术问题。唐老师笑着说，退休以来，是他学术上成果最为丰硕的时期："我发表了论文89篇，其中SCI期刊论文十八篇。我们还有张峰教授和郝皓教授等15位老师在市一医院研究SPD（医院药品、耗材和设备的物流管理系统）的8个课题，协助医生和护士完成市级和院内管理项目，受到医院的欢迎"，"我感谢学校又返聘我两年"。

我已经离不开数学了

退休之后，除了继续开展研究之外，唐老师的一大爱好，就是写作散文随笔。谈到写作,他说,写作是愿望,是想写;写作也是内容,是有东西写,"所谓灵感,就是愿望(灵)和内容(感)。无论是学术论文,还是散文随笔,都要有灵感,才会笔下流畅,源源不断,甚至想停笔也止不住"。鲁迅先生的名言"写不出的时候不硬写",对唐老师深有启发,他的体会是,"删去和抛弃所有可写可不写的语句、段落,甚至整篇文章;只留下那些不得不留下的、自己感到可以看的文字,才会引起读者的注意"。他的另一个感想是,人还要"勤笔",随时记下任何"灵感","这对学术论文尤其重要。脑子里同时思考不同的问题,会得到意想不到的效果"。他在二工大校报上发表的数十篇散文,已经结集出版了随笔集《一万米高空是晴天》。

这一点上,引唐老师数学入门的苏步青先生对他的影响巨大。"1993年教师节前夜,他曾为我们学会题签《排序论学报》。从当时直到现在,要申请新的期刊是根本不可能的,因此遗墨至今留在我处,没有用上。这也是一直激励我研究排序论的动力"。苏先生对唐老师影响不单在于数学专业,更在于人生态度:"苏先生是有名的文理全才,他出过《苏步青业余诗词钞》《数与诗的交融》等,有些作品还被选入《历代诗词选注》和《科学家诗词选》这些诗集。我还记得他对我们这些理工科的学生说过,深厚的文学、历史基础是辅助我登上数学殿堂的翅膀,文学、历史知识帮助我开拓思路,加深对数学的理解,打好语文、史地基础,可以帮助你们跃上更高的台阶。"司各特的历史小说《艾凡赫》、傅雷译的《巴尔扎克文集》,都是他在复旦数学系时爱读的文艺作品。

就像唐老师说过的,他走上数学生涯是歪打正着,读书时期他一直是文娱积极分子。实际上,他的兴趣爱好一直很广泛。

他喜欢拍照,世博会开幕那一夜,他从家里窗口拍了一张照片:东方明珠电视塔、金茂大厦、上海环球金融中心、上海大厦、上海市人民英雄纪念碑、外白渡桥尽在其中。唐老师说,十多年来,东方明珠电视塔上放烟火,他是第一次看到。

他喜欢跑步。2005年,二工大开运动会,他也报名参加了教师组八百米健身跑,但是公布的名单中却把他划去了。理由是"你年过60,不必参加了"。唐老师对此愤愤不平:"怎么我每天跳绳100个,引体向上分两次拉十下,还跑不动八百米?"比赛当天,看到运动员个个摩拳擦掌,他抱怨说:"为什么把我'开除'?"巧的是,有位老师因故不能来,当场空出了一个名额。唐老师立即表示:"跑,当然跑!"可惜的是,跑到最后,他只拿了一个"倒数第一"。唐老师坦言,这个成绩实在出乎他的意料,令他十分伤感。但是仔细想想,他觉得从中也悟出了不少道理:"倒数第一,说明'年岁不饶人',要承认不足,不能再拼体力;倒数第一,告诫我不能'挡道',要让位于中青年;倒数第一,教育我要'调整心态,转换角色',不能再打头阵,要当好'二传手',要让中青年站在自己的肩上更好地攀登;当然这倒数第一,还得感谢大家的勉励,没有大家的关爱和鼓励,我不可能跑完八百米。由此而观之,我做任何事,没有大家的帮助和支持,必将

1998年11月19日,唐国春在英国南安普敦大学做学术报告后与著名数学家Potts和他的同事、学生合影

一事无成。"一个"倒数第一",引发了这样多的思考,也算是意外收获了。

　　唐老师的最爱还是游泳。第一次登上江湾游泳池10米跳板时,他还是不到20岁的大学生,"看到下面的游泳池那么'小',我真担心会不会'跳'出池外。后面同学在催促,不容我多想,弯曲身体,双臂伸直,'自由落体',手尖一下子就碰到池底。以后,入水时手掌上翻,增加阻力,很快就浮出水面"。他最好的游泳成绩是横渡黄浦江,最遗憾的呢,是横渡长江,因风浪太大,游了一半,便上船了。纪念毛主席诞辰116周年的时候,二工大校工会组织冬泳比赛,不设老年组,他"冒充"中年人参加了比赛,单项和接力两场比赛都和前面的八百米一样,是"倒数第一",但是唐老师却很开心。每次到二工大,无论春夏秋冬,他都会游上10圈500米。

　　如此广泛的爱好,唐老师之所以能够坚持下来,靠的都是兴趣的支撑,而他学习和研究数学数十年,更是由于兴趣的支撑。经常有人问他:"数学枯燥吗?"于是他就会讲自己学几何的故事。他在新沪中学读书的时候,门前的路很窄,大约6米。学了"两边之和大于第三边",他再也不愿走"横道线"过马路,而是"斜穿"。原因很简单:"同样过马路,何必多走路?"然而再算一下,"斜穿"是10米,比起"横道线"6米,加上人行道上走8米,是少了4米,也就是少走6步。为了"少走"6步路,却要冒着被车撞的危险,这样值得吗?因此,还是应从"横道线"过马路安全啊。数学不仅不枯燥,而且很有趣,也很实用,和生活方方面面都有关系。

　　所以,退休之后的生活,在旁人,是休闲、放松的,可对唐老师来说,他读的、想的,仍然都是数学。他每年主持运筹学排序论坛会议,持续研究排序论,最新出版的学术专著和发表的学术论文中,也在继续思考新出现的各类排序论问题。唐老师笑着说:"我已经离不开数学了。"

胡　辉

教授感言：

　　以谦逊、朴实、正气、善良的品德要求自己。努力做一名德才兼备的教授，才能成为学生信得过的好老师；用真才实学将数学打通到不同学科之中，才能将学术研究成果努力达到更高水平。

李念祖，1964年，毕业于复旦大学数学系，后被分配到上海市业余工业大学从事应用高等数学教学工作。历任上海第二工业大学应用数学系主任、理学院院长，上海市数学学会理事、美国数学学会杂志"数学评论"特约评论员，上海师范大学、青海师范大学兼职教授、导师。曾获得国家自然科学基金、市教委科研基金，并获得上海第二工业大学"校先进工作者"称号和优秀教学二等奖，被学生评为"我最喜欢的好老师"。

五十春秋抒写"教"和"研"

仲夏的一天下午,笔者来到李念祖教授的家,其居住的二室一厅干干净净,李教授给人的印象既真诚又平易近人,听说我要采访他,他早早把素材准备好,让笔者能够比较清晰地了解他从专业图论、离散数学、物流运筹、国际金融等方面的教研历程,娓娓道出了他钟情数学、热爱教学和科学研究的缘由。

从"发烧"到立志报考复旦数学系

出身教师之家的李念祖,家中有五个兄弟姐妹,他排行老四。在父母眼里他是一个话语不多,喜欢动脑子,有想法的孩子。李念祖的父亲是一名历史教师,母亲在家从事家务活。每天晚饭后,母亲忙着洗刷碗筷,父亲会把孩子请到身边,津津乐道地给他们讲述历史传奇故事,讲述科学家发明创造的故事,讲述做人的基本道德规范。李念祖从小喜欢听古希腊的阿基米德、英国的牛顿和德国的高斯三位数学家的故事,内心由衷地崇拜着他们,他暗暗下决心将来也能成为一位数学家。

在中学期间,李念祖对数学尤为喜欢,当遇到代数、几何上的难题,同学们都解答不出来,可他不放弃,几个钟头在纸上不停地解方程、求论证,从不觉得枯燥,一直求证出正确的答案才罢休。超常的苦练使他的数学成绩名列班级前茅,被同学推荐为班级数学课代表。当了课代表后,他的数学成绩突飞猛进,每次数学考试他基本上都是满分。唯有一次,做错了一道题目,其原因是他粗心将乘法符号"×"误认为未知数"X"。李念祖数学成绩优异,是不是他的智商比别人高、是不是他是一位数学天才,他说,不,我唯一能够胜出的是超常的努力和毅力。

父亲看到李念祖对数学十分有兴趣,成绩又优异,就对他说:"我们家虽然不富裕,看到你这样喜欢数学,就是砸锅卖铁,也要培养你成为一名大学生,希望你向中国古代数学家祖冲之学习,将来也能对祖国的数学事业发展有所建树。"父亲的嘱托,自己的初心,在高中班主任老师的建议下,他立志报考复旦大学。优异的高考成绩,让他如愿考上了复旦大学数学系,与来自五湖四海、脚踏实地、热爱数学的同学们一起学习和生活,努力实现当数学家的梦想。

在复旦"日月光华、旦复旦兮"精神的感召下,他要求自己以思考和争论作为追求学问、追求真理的学习方法。在大学学习的最后一年,也是研读和撰写毕业论文的重要阶段,李念祖想以写作论文作为尝试做科学研究的实践,但又怕论文写砸了,指导老师得知后就鼓励他,"只要有恒心,一定会成功的"。于是他在校园的绿荫小道、食堂、宿舍,图书馆都在思考未破解的难题。在毕业前夕,李念祖成功地完成了《含小参数的高价椭圆型方程及其在弹性薄板问题中的某些应用》的毕业论文。论文从"极限方程是抛物型方程"和"极限方程是双曲型方程"两个方面作了精辟的论述,受到指导老师的好评,被评为复旦大学学报发表性论文。毕业论文虽然大功告成,他却病倒了,得了大叶性肺炎,住在长海医院两周。由此可见,他在写论文的过程中付出了多么大的艰辛。

1964年毕业的大学生,按规定由国家统筹分配工作。一张高等学校统一分配工作的报到通知书,将李念祖引入到上海市业余工业大学(上海第二工业大学的前身),从事高等数学的教学工作。从此,他与上海市第二工业大学结下了不解之缘,在这所新型的大学里,他从事教学和研究,一直到65岁退休。

从"积累"到奠定教学研究的基础

在"教育要革命""办一所工人阶级的高等教育学校"的倡议下,1960年4月29日,上海成立了"上海市业余工业大学",1965年更名为

"上海半工半读工业大学",1984年又更名为"上海第二工业大学"(以下简称"二工大")。该学校区别于其他综合性高等院校,办学方针坚持教育与生产劳动相结合,走的是一条以工学结合、产学合作为办学特色的道路,办学目标是培养造就一批有文化、有知识的高级应用型技术人才。生源主要是来自生产第一线的工人和管理者,学生年龄偏大,有家室,有孩子。对于来自实践第一线的"大龄学生",教学必须以理论与实践相结合的方式传授知识。李念祖面对比自己年龄大的学生,采用启发式教学法,推广半工半教,除每周上十二节高等应用数学的课外,还要坚持每周两天到学生工作的工厂参加劳动,向实践学习,吸取工人阶级的实践经验。比如,他前往的上海自行车厂参加劳动,该厂有他的三位学生,倪同学在金工车间、王同学在技术科、许同学在计量室,他们都是部门的管理者。在劳动期间,李念祖和他们一起讨论在生产上遇到的问题,一起破解数学难题,使得三位学生不同程度地提高了综合分析和解决实际问题的能力。如技术科的王同学搞出了不少技术革新,提高了永久牌自行车的质量,赢得消费者的欢迎。

李念祖一贯的教学特点是把理论问题与实践相结合,教学与科研互动,拓宽了教研工作的思路。他在"图论"课程的教学实践过程中,研究把中国邮递员问题转化为求顶点赋权图的最优完全子图的问题,通过最优匹配线图、最优完全子图,寻找一条最优邮递路线,写成的《关于中国邮递员问题的最优完全子图算法》论文,于2006年8月发表在上海师范大学学报上,受到学界的关注。

从"启迪"到图论研究的飞跃

20世纪80年代,改革开放释放了我国中青年知识分子的能量,一批知识分子读书勤奋,思想活跃,就像化蛹而成的蝴蝶,尽情飞舞在自由的天空。李念祖也跟上时代的节奏,学习新理念,扩大知识面,提高自我研究的综合能力。当时上海科学会堂为满足知识分子追求新知识的愿望,相继举办了各种世界前沿的科学研究报告会,其中邀请上海铁道学院的专家开设"图论概述和重要算法"的学术讲座,吸引了爱好数学的李念祖以及全国各地从事数学教研的专家纷纷前来报名参加。与他一起听讲座的同行或因工作忙等原因,能坚持到结业的人不多。而他在三个月的讲座中从不缺席,听课、复习、做题、考试等都认认真真地完成,不仅拿到了结业证书,还为他奠定研究"图论"打下了扎实的基础。讲座清晰地让他认识到"图论"在应用数学中的重要地位,激发他思考如何在高等院校推行"图论"课程教学,如何构思"图论"理论并把其广泛地应用于物理、化学、计算机科学、通信技术、交通运输、运筹学等各个领域之中。接着,李念祖着手翻译由加拿大数学家 J. A. 邦迪和 U. S. R. 默蒂撰写的《图论及其应用》一书,推广"图论"应用的重要性。他不分昼夜地一边学、一边译、一边写,在同事们的帮助下,两年的辛勤劳动换来了丰厚的成果:该书于1984年,由北京科学出版社正式出版。该书发行不久,就宣告售完,急需

李念祖(后右一)与美国专家合影

要教材的高等院校就通过复印给研究生上课用。学界人士对他翻译的《图论及其应用》给予了较高的评价，称他为我国引进了一本现代"图论"的好教材，至今该书仍然是国内高校本科和硕士研究生的教材。

改革开放的春风打开了国门，让许多高校知识分子走出国门，了解国外科学研究的新成果。因此，二工大选派了李念祖赴美国匹兹堡大学数学系做访问学者。当时出国的学者必须要通过英文考核，可是李念祖中学时期学的是俄语，英文基础比较差。为快速提高英语水平，年已40岁的李念祖于1981年至1982年间，住进了上海外国语学院出国培训部的学生宿舍，开始了英语集训。他每天清晨起床即朗读英语，课间马不停蹄地读、写英文，吃完晚饭又戴上耳机听录音。"狂轰滥炸"了整整三个学期，李念祖终于顺利地拿到英文结业证书。老师夸他"英语水平提高快，是班级中最早拿到结业证书并最早去美国访问的学者之一"。

1982年10月，李念祖踏上美国的国土，到匹兹堡大学数学系做了两年的访问学者，学校给了他一间单独的办公室，里面有电脑、电话、书柜和各种办公用具，工作环境比较优越。要在较短时间里拿出研究成果，李念祖把每天的日程安排得满满的，利用一切可利用的时间在学校图书馆和学院资料室阅读有关资料，做学习卡片。在学术讨论会上与美国数学专家讨论有关"图论"发展的近况，中美专家互相启发，互相促进，从中他了解了美国应用数学发展的前沿动态。在掌握了"图论"研究的基本思路后，他相继向国际图论学术刊物发表研究文章。两年间，他先后完成"The chromaticity of wheels"〔Discrete Mathematics，51（1984）206-212〕、"On trees of polygons"〔Arch Math，45（1985）180-185〕、"On q-trees"〔J. of Graph Theory，10（1986）129-136〕等7篇学术论文。学术论文的发表是他真正研究应用数学的起步，也是他成为"图论"专家的标志。访学结束后，美国匹兹堡大学数学系主任想留用李念祖继续在美国工作，并提出资助他完成博士学位的美好意向。李念祖表示深切感激，但没有接受资助，仍遵守公派出国的承诺，如期返回学校。

好学、善于思考研究的李念祖给美国的同行留下了深刻的印象。1989

年，美国匹兹堡大学数学系又发出邀请，请他继续到该校做客座教授，用两年的时间与该系教授合作开展"图论"研究。因合作研究没有经费，所以美方要求他以授课形式来维持自己的日常开销。他一面为大学生上课，一面搞研究，一面发表论文，得到美校同行的钦佩。不久，匹兹堡大学的导师推荐他为著名数学杂志"数学评论"（Mathematical Reviews）的特约评论员，为其撰写有关图论的着色理论的评论文章。

从1984年开始，李念祖先后在美国、欧洲等国际数学刊物上发表19篇文章，在国内相关数学杂志上也发表了15篇文章。李念祖关于图论着色理论的不少研究成果常常在相关的国际综合性文章中提及和引用，表明了他研究的成果达到国际先进水平。

李念祖的研究成果不仅被国际上认可，更被国内大学所知晓。香港城市大学计算机学院曾捐资4 000港元的路费邀请他参加该校国际"图论"专业会议；曲阜师范大学、青海师范大学、上海师范大学、兰州大学、西交利物浦大学等多所高等院校纷纷聘请他为兼职教授，为他们的学校开设"图论及其引用""图的色多项式理论"等课程；华东师范大学曾聘李念祖为其指导硕士研究生论文，同时山东大学、新疆大学和马来西亚的一些大学还邀请他为其评审博士生学位论文；上海师范大学得知他是"图论"方面的专家，准备调他到数学系任教，因二工大也急需要"图论"研究方面的人才，故没有成功，最后就改聘任李念祖为其兼职硕士研究生导师。

从数学到金融学、经济学的转行

世界经济一体化进程的加快，促进了现代化物流产业的加速成长，但我国物流教育相当滞后，人才匮乏十分严重。为填补我国高等学院中"物流运筹学"教材的空白点，加速培养中国物流管理人才，李念祖以学生的身份到校外物流培训班听课。物流培训班的学生全部是物流行业的青年骨干，看到来了一位上了年纪的白发学生都感到十分奇怪，认为他也是奔着一张"结业证书"而来的。其实李念祖听课是为了了解当前国内外物流发展的状况，为编制物流运筹学教材注入职业能力、企业需求和就业导向等方面的内容，让教材适应物流行业的发展。他用了较短的时间，主编了《物流运筹学基础》教科书，由中国物资出版社出版。该书是理论与实践紧密结合的一本物流运筹学教材，多次加量印刷，成为我国高等职业学校的相关物流专业的必修课教材。

同时，李念祖还将数学方法应用到外汇交易原理上。国际金融中心地位在上海的确立，急需在高等职业技术教育上编写一本有关国际金融方面的教材。他应用高等数学的原理，结合国内外有关外汇交易的理论和方法，遵循教材编写的科学性、系统性、实用性和可操作性的原则，从微观入手，运用通俗浅显的语言论述了外汇、汇率、外汇交易与外汇市场等基本概念，详细地阐述了各类外汇交易的基本原理和实际操作。2002年，李念祖主编的《外汇交易原理与实务》，由上海立信会计出版社出版，受到职业高等学校老师的青睐，也成为高等院校相关课程的教材或参考书。

教师要以培养高素质应用人才为己任，李念祖在上海第二工业大学经济管理学院任教期间，除了讲授"国际金融学""货币银行学"之外，还相继开设了"财政学""国家税收""涉外税收""财务管理""投资经济学""金融计算技术""金融专业英语""现代物流管理学""物流技术与设备""配送与物流中心业务"等课程，他俨然也是一位金融学、经济管理学的专业教师。

从"上课"到引导学生创新思维的训练

在拓展教学领域的同时，李念祖善于把不同学科内容打通整合，注重用科学的学习方法传授给学生。为让学生对高等数学产生兴趣，李念祖在课堂上对学生说："数学可以开拓人的思维，提高大脑的灵活性。正如科学家克莱因说过的'唱歌能让你焕发激情，美术能让你赏心悦目，诗歌能使你拨动心弦，哲学能让你增长智慧，科学能改变你的物质生活，但数学能给你以上的这一切'。"李念祖言简意赅的话语，激发了学生学习的积极性,架起了学生生活与数学之间的桥梁。学生们常说,"能听到李教授上课是一种福气"。为证实这一点,一次,校党委领导在没有通知他的情况下,带领教务处、科研处等十多位老师前往管理学院听李念祖为学生上的"金融专业英语"课,不听不知道,一听真不错,他的讲课得到校方领导的充分肯定,并得到褒奖。

为培养大学生的竞争意识、团队精神、提高创新能力和综合素质,推进高等数学更好地应用到实践之中,为此,在李念祖的建议下,学校成立教练组,负责组织本校学生参加全国大学生数学建模竞赛。据悉,创办于1992年的全国大学生数学建模竞赛,每年围绕一个主题,开展高校基础性学科竞赛,这也是世界上规模最大的数学建模竞赛。

2003年上海市教委、上海工业与应用数学学会在上海地区举办了"全国大学生数学建模竞赛"。二工大选派了马晓全、李萌发、沙聪三位学生参赛,李念祖为指导老师。他从思考的确定、建模的路径等方面进行周全

李念祖向妻子介绍取得的研究成果

的指导，三位同学领略意图后，在"Maple软件"建模过程中相互合作，互相配合，经过紧张的角逐，三位同学获得"全国大学生数学建模竞赛"（上海赛区专科）二等奖；同时，选派的另一组郑斯伟、吴杰、王晨虹三位同学获得"全国大学生数学建模竞赛"（上海赛区专科）一等奖、全国赛区二等奖。为表彰李念祖等教练组成员取得优异的成绩，学校特授予教练组"校长奖"，奖励经费1.2万元。但李念祖没有把分给他的奖励费纳入自己的口袋，而是捐助给学院作为学生的奖励基金。为提高学生在校的行为规范，学院决定用这笔钱开展"李念祖杯"学生行为知识规范大赛。全院大一、大二的28个班级1 100名学生参加学生学籍管理条例等知识竞赛。当学生知道组织这次活动的缘由后，大家被李教授的高尚人品所感动，自觉地投入到学习"学生手册"的活动中，更为重要的是竞赛提高了学生遵纪守法的自觉性。

对老师教学评估是学校每年必须开展的一项调查，学生填写老师在教学内容、教学态度、教学效果三大综合指标的反馈表中，李念祖分别占百分比97%、94%、94%。在网上学生留言中，有的说"李念祖老师是一位负责任的好老师，爱护学生"；有的还说"比较推崇的老师之一，超级棒的一个老师"；也有的说"李老师可以说是最好的老师了，我在听他的课，仿佛在看电影，有身临其境的感觉"。在校宣传部、团委开展评选"我喜欢的老师"活动时，李念祖被学生推荐为"我喜爱的老师"之一。

从"理解"到支持他一路走下去

简单的日子，心静如水是李念祖家庭生活的写照。

俗谓"不是一家人，不进一家门"。李念祖的妻子是1966届高中毕业生，她是家中老小，家庭教育环境比较好，哥哥姐姐都是名牌大学毕业，从事着教育科技工作。家人对她的婚姻要求是希望她找一位穿"长衫"的，不希望她找一个穿"汗衫"的。言下之意，就是找文化人，于是她选择了李念祖。1972年初，他们成婚，年底他们又添了一个可爱的女儿，一家人和睦相处，其乐融融。

改革开放的洪流激荡着他们安逸的家庭生活，作为20世纪60年代的大学生，李念祖求新欲望强烈，期盼自己能再一次走进学校更新知识、开展学科研究，尽自己最大能力为二工大解决教研难题。在李念祖住校读英语、出国访问讲学期间，妻子理解他，放弃了自己能够参加高考的机会，全力支持他从事数学研究工作。

当李念祖埋头教学、写论文、出版教材时，妻子无怨无悔地包揽了教育孩子和操持家庭的"任务"。李念祖在美国做访问学者期间，更是妻子忙得焦头烂额的岁月。一边要上班，一边要抚育女儿，还要照顾年迈的母亲。一次，女儿半夜突然发高烧，妻子一人带着女儿去看急诊，看完病已经是凌晨3点，安顿好女儿，略休息一会儿，就急忙赶到单位上班。又一次，当李念祖在外省市大学讲学时，李念祖的母亲病情加重，又是妻子一人在医院照顾母亲。可见，大多数成功男人的背后，一定会有一个默默支持他的女人。当然李念祖的妻子也是一位有事业心的职业女性，在家务活

李念祖全家福

繁重的情况下，选择自学考试来提升自己。40岁那年，妻子参加了上海电大自学考试，拿到了会计大专证书。女儿在李念祖的影响下，也从事金融行业，当上部门经理。

李念祖和妻子已经携手度过了45个春秋。为感激妻子一路的陪伴、理解和支持，他邀请妻子与他一起到欧洲、澳大利亚等地旅游，共同欣赏世界各地的美景，这可能也是李念祖对妻子的回馈吧。

岁月交替，光阴荏苒。弹指一挥间，李念祖在教学生涯中行走50多个春、夏、秋、冬，培养学生超过一万名以上。虽然他已步入人生七十古来稀的年龄，但他还在继续为上海高校的学生讲授金融专业的课程，还在不断地学习新知识，真正体现着"教学之路遥远，吾辈尚需努力"的精髓。

李汉琳

教授感言：

教师是神圣而光荣的职业，为师先为人，要行得端、站得正，坚守教师尊严的底线；关爱学生、严谨笃学，坚持教师素质的基点。

乔世民，1939年10月18日生，籍贯辽宁大连。1964年毕业于大连工学院，当年8月，接受组织的安排，到上海市业余工业大学（上海第二工业大学的前身）机械教研室任教。历任助教、讲师、副教授、教授；先后担任过学科组长、教研室主任、系主任等职。20世纪70年代曾参与由第一机械工业部主持编写的大型综合性技术手册《机械工程手册》第46篇部分章节的编写工作，1978年该手册荣获全国科学大会奖，之后被评为1982年度全国优秀科技图书一等奖。20世纪80年代中期，作为课题组主要成员，参加了西安交通大学"新型（CYPHU400）高速卧式车床基础理论和技术研究"的课题研究，该项研究成果获得了西安交通大学1988年优秀科技成果二等奖。20世纪90年代初，在上海第二工业大学主持开展了"大型机床冲击减振技术研究"，其研究成果先后获得上海第二工业大学1990～1991年度科学技术成果特等奖、1992年上海市科学技术进步二等奖。因贡献突出，1993年10月起获得享受国务院颁发的政府特殊津贴殊荣。作为学科负责人，其领衔主编的国家级规划教材《机械制造基础》先后荣获上海第二工业大学2006年教学成果一等奖及2007年度上海市优秀教材一等奖，该教材印刷30余次，发行量高达20余万册，受到业界一致好评。曾受聘担任浙江大学研究生院兼职导师、上海普教系统名校长名师培养工程导师，指导学生在全国技能大赛中获奖，2005年获上海第二工业大学校长奖。2007年10月，乔世民教授离开了辛勤耕耘43年的高教园地，在上海第二工业大学光荣退休。

桃李不言，下自成蹊

乔世民，1964年毕业于著名的大连工学院，毕业以后，带着对未来的憧憬与梦想，从风景如画的海滨城市来到繁华的大都市，进入上海市业余工业大学（上海第二工业大学的前身），成了一名教育工作者。四十多年来，从意气风发、颜值颇高的帅小伙，到两鬓染霜儒雅的睿智老人，从初出茅庐的青年教师，到学富五车的老教授，他从未离开他所眷恋的这所学校，未曾离开所钟爱的"三尺讲坛"，始终在这片高等教育的园地里默默地辛勤耕耘着。他，见证了上海第二工业大学从成人教育到高职教育、本科教育的跨越式历史发展。他，为上海第二工业大学的发展贡献了自己的精力和智慧，奉献了自己的青春年华。

活的历史，生动的故事

乔世民教授曾任机电学院机械制造工程系主任，从教40多年来，他担任过成人教育本科、专科及高职和本科教育中《金属切削机床概论》《金属切削机床设计》《数控编程》《数控机床》《先进制造技术》等多门学科的教学。

作为一名在高等教育浸润多年的教授，他对所教的内容早已烂熟于胸，但他以特有的认真和勤奋对待每一堂课。为了上好课，他做了大量的教学准备工作，采用哪些教学方法，使用哪些教学手段他都仔仔细细考虑，想方设法搜集了同一课程不同版本的教材，相互比较，相互对照，圈圈点点，将最能说明原理的语句，最能揭示规律的结论写入教案，并结合自己的实践体会灵活运用于课堂教学。教学中，他适时提出一个个问题，引导和鼓励学生去寻找解决问题的方法和最佳途径，增强学生的主体意识，发挥学生的学习主动性和积极性，使枯燥的内容，变得生动有趣，使深奥的理论，变得浅显易懂，使抽象的概念，变得具象化，将一个个教学中的难点，如庖丁解牛般迎刃而解。乔世民教授得体的手势、清晰的板书、日臻精熟的教学风格、高超的驾驭课堂的能力，得到了学生同事的一致好评。多年来，乔世民教授所开设的专业课程总是最受学生欢迎的课程之一。

学生小李说：他是一位老教授，在教学方面有很多的创新，对于学生没有接触过的课程设备，他都鼓励学生去尝试，同学们都很喜欢听他的课。班干部小张说：乔教授在学生中很有魅力，凡乔教授上课，学生中很少有打瞌睡的，也很少有交头接耳，课堂纪律总是最好的，学生的思绪随着乔教授的话音在科学的天地里驰骋。

榜样的力量是无穷的，一个教师，一个学生心目中的良师，在学生成长的过程中能起到一种积极的"定标"的作用。机电工程学院2001级机械制造专业女生小胡，圆圆的脸上总带着浅浅的笑容，腼腆又可爱。小胡在冶金工业学校就读时，学的是电气工程自动化专业，后来考入上海第二工业大学，成了一名机械制造专业的学生。大二第一学期，小胡开始了机械专业课程的学习，由于专业跨度大，基础不一样，小胡在专业学习上碰到了很多困难，也因此产生了许多困惑。乔世民教授时任小胡的专业系主任和任课教师，小胡有不懂的地方，总是喜欢向乔教授请教，在乔教授一次又一次的热心指导中，小胡解决了许多专业学习上的困惑，也在与如长辈般的乔教授亲切的交谈中，耳濡目染了乔世民教授对事业的追求，对人生的淡定，小胡在人生目标的追求上渐渐清晰了，从乔教授身上传承了对专业那一份热爱。从此，小胡发奋学习，刻苦钻研，在校三年连续获得一等奖学金，毕业之前又获得了OSG奖学金，并评为上海第二工业大学优秀毕业生，享受了成功的快乐。

高等职业技术教育，教给学生不仅仅是理论知识，而更重要的是提高学生的技能，培养学生的创新精神，培养创新人才。

2004年5月，乔世民教授受命领衔精心组织和举办"上海第二工业大学首届数控编程大奖赛"。为此，乔教授亲自制定竞赛规则、编制竞赛题目、对参赛的学生进行热心辅导,在他的周围渐渐汇聚了一批热爱专业、学习成绩优秀,有着创新欲望的学生骨干,他们自诩为乔教授的"嫡传弟子"。通过校级"数控编程大奖赛",金玉林、谈文、杜志强等一批学生脱颖而出,其中,金玉林同学凭着扎实的专业基础和出色的临场发挥,荣获校"数控编程大奖赛"特等奖。对于这个优秀的学子,乔教授更是倾注了大量的心血,在送金玉林参加全国比赛前夕,冒着申城的高温酷暑,对金玉林进行赛前指导,对一个又一个可能会遇到的难题,寻找问题的关键,制定了解决的方案。乔教授又谆谆告诫金玉林:认真做好每一环节,细心规划每一步骤,相信会获得成功。精心的准备,出色的临场发挥,收获了理想的成绩,金玉林在全国数控技能比赛的理论知识竞赛中,获得了上海市学生组第一,取得了代表上海学生组进京参赛的资格。

进京以后,金玉林果然不负众望,在第一届全国数控技能大赛上,通过激烈角逐,从近百名选手中脱颖而出,最终获得了数控铣床学生组第15名的优异成绩,以乔世民领衔的竞赛指导小组也同时获得组委会颁发的"突出贡献奖"。回沪以后,金玉林成为一名上海市最年轻的数控技师,成为上海第二工业大学历史上第一位获得技师称号的大学生。每当回忆起这一切,金玉林都会动情地说:"我所获得的荣誉中,浸透着乔教授的关爱、汗水和心血,没有乔教授的指导,不可能有我的今天。遇到乔教授,这是我一生中最大的荣幸,师恩难忘,我将永远铭记。"

为表彰乔世民教授为学校人才培养所做出的特殊贡献,2015年1月,乔世民教授获得了2004年度"上海第二工业大学校长奖"。

辉煌的过去,骄人的业绩

早在20世纪70年代,年轻的乔世民满怀豪情地参加了当时堪称宏篇巨作有2 000多名专家学者共同参与的,由第一机械工业部主持编写的大型综合性技术手册《机械工程手册》的编撰工作。为了编写好他所负责的篇章,乔世民走南闯北,跋涉千里,到全国各地十几家单位进行调查研究，搞调研，做访问，建卡片，录摘要，写下了数万字的文字资料，并先后几易其稿，出色地完成了编写任务。该手册由机械工业出版社出版发行后，在社会上引起极大反响，好评如潮。1978年，该手册荣获全国科学大会奖，后经有关专家和学者一致推荐，被评为1982年度全国优秀科技图书一等奖。也就是这段令人难忘的经历，造就了乔世民教授严谨的科研作风和刻苦的钻研精神，也为日后的专业发展奠定了基础。

20世纪80年代中期，作为访问学者，乔世民教授只身来到西安交通大学，参加了由西安交通大学与云南机床厂合作的"新型（CYPHU400）高速卧式车床基础理论和技术研究"的课题研究，乔世民教授承担了其中较为重要的机床主传动箱试验复模态研究，凭着一腔热血，乔世民在工作现场夜以继日，拼命苦干，研制获得了成功，该项合作研究课题不仅在理论上有创新，而且制造出样机。1988年1月，该研究成果通过了由国家机械委员会委托云南省科委、云南省机械厅组织的鉴定，1988年2月2日中央电视台新闻联播节目对此次鉴定会进行了专题报道。乔世民也因此获得了该项研究成果国家科技成果完成者证书和西安交通大学1988年优秀科技成果二等奖。作为项目课题组成员，乔世民在项目研究中显示出扎实的专业根底和独特的科研能力，得到西安交通大学专家肯定。

20世纪80年代末，在科研上如日中天的乔世民教授，在参加国家重要项目"CK53160型单柱移动16米立式数控车床"的研制中承接了"大型车床冲击减振技术研究和减振器研制"的课题。该项研究是一项基础理论研究和技术开发的综合性课题，基础理论研究是完成上海市高教局下达的科研任务，研究的目的是探讨冲击减振的机理，寻求影响减振效果的有关参数，为工程实践确定理论基础和技术方法。技术开发工作是完成武汉重型机床研究所和上海第二工业大学机械系签订的技术合作协议，对武汉重型机床厂承担设计、生产的机械电子工业部安排的国家重点任务——CK53160型16米大型数控立式车床的刀架滑枕的冲击减振器进行技术开发，以提高该机床的切削稳定性。

乔世民教授呕心沥血，与课题组同事一起，日夜连轴苦干，连续的进行试验、分析、研究，查阅了国内外大量资料，寻找其中特殊的规律。通过近两年的不懈努力，功夫不负有心人，该项研究获得了成功。1990年12月由上海市高等教育局组织专家评议方式对研究成果进行鉴定。鉴定结论为：该项研究具有国际先进水平，这也是理论研究与工程应用相结合的一个很好范例。

根据武汉重型机床厂试验表明：研究成果应用于CK53160型机床滑枕后，减振效果是明显的，对机床控制切削振动，稳定切削加工起到关键作用。该减振器的运用，大大提高了车床切削加工的稳定性及生产效率，车床加工中的各项技术指标超过国外同类机床的水平，打破了西方技术垄断，创造了数百万元不菲的经济效益。为国家发展水力发电站配套的超大型水轮机的制造攻克了技术难关，为学校争得了荣誉，为国争了光。1993年，乔世民凭此殊荣，成为国务院特殊津贴获得者，攀上了人生奋斗的新高峰。正如他自己所说的：在科研上没有任何捷径可走，厚积才能薄发，

乔世民参加大型机床冲击减振器鉴定会

没有大量的付出，绝不会有点滴的成功！

随着学校的发展，乔世民教授担任了机电学院机械制造系的主任，他把更多的精力放在教学与学科建设上。随着岁月的流逝，他着力培养年轻人，把更多的机会让给年轻人，愿"化作绿泥护春花"。

女教师小郁，原先是从事中等学校专业教学，在科研上建树不多，在乔世民教授的麾下，得到了乔教授的关心和提携，在乔教授悉心指导下，郁老师渐入佳境，参加了相应的课题研究，承担了高等职业教育的教材编写，亦有各类科研论文在核心期刊上发表，在乔教授的带教和指导下，承担了《数控编程》《机械制造基础》的教学任务，拓展了自己的专业视野，提高了专业水平。经过不断努力，2004年郁老师评上了副教授职称，成为机械制造系的一名教学骨干。她说："乔教授是一位令人尊敬的长者，也是我们的榜样！是乔教授的悉心指导，我才能一步一步获得成功。"

青年教师小王，学校一毕业就来到乔世民教授任主任的机械制造系里，成了一名年轻的助教，是乔教授手把手一步一步引领她走上讲坛，钻研教学大纲，撰写教案，准备课件、编订习题，在乔教授的引领下，小王在教学工作上渐入佳境，成为一名成熟的专业教师。由于小王远离家人，只身一人在上海打拼，乔教授对小王更是倾注了父辈的关怀。小王在教学上向乔教授学习，工作上更向乔教授看齐，在乔教授的影响下，着力提升自己的内涵，2008年获得了上海大学的博士学位，实现了了人生的又一次拼搏。

2001年，乔世民教授从高等教育出版社得知，教育部要组织编写普通高等教育"十五"国家级规划教材选题的通知。乔教授敏锐地感到，这是一个深化教学改革的良好契机，他及时地组织有关人员进行讨论，按高等职业教育改革发展要求及学校的教学实践，逐步达成了共识，将"机械工程材料""热加工工艺基础"和"机械加工工艺基础"等课程，经过结构优化，内容更新，整合而形成一门适合高职教育的专业基础课程《机械制造基础》，并填写《普通高等教育"十五"国家级规划教材申请书》，向教育部高等教育司申报。申报经专家评阅批准后，由乔世民教授主编的普通高等教育"十五"国家级规划教材《机械制造基础》（第一版）于2003年8

月由高等教育出版社印刷出版发行,该书出版后,全国各地很多院校优先采用了该教材,受到欢迎,发行量始终居于同类教材的前茅。

2005年教育部高教司又发出申报《普通高等教育"十一五"国家级教材规划》选题的通知,乔教授对第一版教材的使用做了详尽的评估以后,又提出了对教材进行局部修订的设想,并于2005年11月向教育部高教司提交了申请。修订后的第二版教材于2008年12月印刷出版,预定接踵来,好评如潮涌。

5年过去了,不断进取的乔世民教授又根据教育部职成司《关于"十二五"职业教育教材建设若干意见》要求,本着精益求精的精神,他根据第二版教材实践反馈意见,对教材各章节内容又一次进行补充、调整及更新,对某些内容进一步采用形象生动的图形和清晰的表格编写,对涉及国家技术标准的内容进行更新,采用新标准编写。修订后,教材仍保持原有的构架和风格,具有内容丰富、深入浅出、适应性强、易于学习和掌握的特点。

乔世民为获奖学金学生颁奖

教材第三版经全国职业教育教材审定委员会审定，于2015年8月出版发行。

由乔世民教授任主编的《机械制造基础》教材整整跨越了三个"五年规划"，第一版印次16次，第二版印次13次，第三版自2015年发行已经印次2次，前后共印刷发行20余万册，成绩斐然令人赞叹。《机械制造基础》教材先后荣获上海第二工业大学2006年教学成果一等奖及2007年度上海市优秀教材一等奖。

一本优秀教材的成功编写，也造就了一支同样优秀的队伍。刘唯、沈永鹤、郁龙贵、吴锡其、张弦等一批教授、副教授、讲师在教材的编写中，体现了每一个人精湛的专业水平和敬业精神，展示了自己的才华，享受着收获成果的快乐。德高望重的乔世民教授在他的周围创设了一个强磁场，深深吸引着他的同事和同行。

心系教育事业，为教育事业献身

乔世民教授心系教育事业，乐于为教育事业献身，是基于那健康纯朴的人生观。他说："大学一毕业，我就来到当时的上海市业余工业大学，那时的学校办学条件十分简陋，连教工宿舍也是由仓库改造的，但组织分配到学校当教师，我就认认真真地干下去，也没有想的很多。"他常说："在人生的道路上，我有许多机会，也有许多选择，但我最终选择了教育事业，并为此默默干了一辈子。四十多年来，每天我面对这些充满求知欲望的青年学子，我体会了一个教师的责任，感受到了付出带来的快乐！"

在历届学生的眼里，乔世民教授是一位师德师风俱佳的导师，一位慈祥的长者。2003年秋天，为了展示二工大教师的风貌，在学校教师中寻找教书育人先进典型，学生们的脑海中立刻跳出在机电学院中多次被评为"学生心目中好老师"的乔世民教授。学生小顾在组织学生采访乔世民教授的同时，以乔世民教授为模特，抓拍了乔教授在三尺讲台传播科学真谛时的神韵，照片冲印出来，乔教授神形兼备跃然纸上，学生小胡也在照片旁题诗一首，讴歌了乔世民教授甘为红烛，乐当园丁，辛勤耕耘、无私奉献的崇高精神。该摄影作品也因此获得了学校"我爱美丽校园"摄影比赛二等奖。同时，因该作品诗配画，图文并茂，相得益彰，曾长期悬挂在学校教学楼的长廊上，接受着众多学子的注目礼。

在学院教师的眼里，乔世民教授是一位令人尊敬的领导，一位学习的楷模。2005年10月，机电学院根据学校发展需要，重新整合了学院各系部的组成，原学院的汽车专业归入了乔世民教授任系主任的机械制造系。在温暖的秋日阳光里，伴随着弥漫的茶香，乔世民教授连续多天分别找汽车专业的每一位教师促膝谈心，了解他们的想法，探讨今后的专业发展方向，聆听他们对工作开展的意向，那种无拘无束的倾心交谈，释放了每个教师由于隶属关系变化所带来的紧张，使每个教师心里涌动一股暖意，心情舒畅的在新的环境里开始工作。

作为系领导，乔世民教授始终是教师心中的榜样和楷模，教学管理上，他从不剑拔弩张，而是用商量的办法，激发每一个人的工作热情，去解决

任教40年教师合影（右起何守才、乔世民、陈林、李念祖）

问题，达到完成各项教学任务的目的。"润物细无声"，机械制造系在乔老师的带领下形成了讲团结、讲合作，互帮互助，抢挑重担的良好氛围，教学研讨、课程研究、听课交流、案例讲评，教研活动举办的更是有声有色，机械制造系成了师生中赞誉度很高的专业系。乔教授经常主动关心着系里每一个同志，系里教师在困难之时都会从乔教授那得到帮助，每当假期，乔教授都会组织全系教师参加联谊活动，既凝聚了人心，又推动了工作开展。

在同行眼里，乔世民教授是一位学识渊博的专家，一位儒雅的学者。2006年，乔教授担任了上海市教委"名师培养工程"的指导教师，他指导的是时任上海交通职业技术学院汽车工程系主任汤定国副教授，对于这位曾是乔世民教授任教时的二工大成人教育的学生，现又是"名师培养工程"中事业有成的"大"学生。对汤定国，乔教授更是倾注了更多的关爱，由于这位"大"学生，是一位学校的教学骨干和管理干部，承担着许多繁杂的教学与行政工作，是一位"大忙人"，学习进修的时间很难得到保证。因此乔教授量身定做为他制订了详细的培养计划，从学习的篇目到研究方向的确定，乔教授都一一悉心指导，每一个步骤都替他规划好。说起乔教授，汤定国动情地说："一生中能二度遇上这样的恩师，二度成为他的学生，这真是我的福分。乔教授年过花甲，但仍保持着一颗执着的心，事无大小，都尽力做好做到极致，这种精神值得我好好学习。乔教授学识渊博，解决技术问题能力强。但与他相处，又是那么随和亲切，我们就是要继承他身上的那种敬业执着的精神，并让精神开出丰硕之果。"

"桃李不言，下自成蹊"，作为一名教师、一名园丁，乔世民教授在教育园地辛勤地耕耘着，在他的身后留下一串串足迹，一串串闪光的足迹。

郑楚荣

教授感言：

襟怀坦白，勤奋从事，表里一致，热情待人！

陈益康，中共党员，1955年毕业于上海交通大学机械工程系，先后任教于北京航空学院（现为北京航空航天大学）和上海第二工业大学，1979年5月获评原第三机械工业部先进生产者，1986年被评为教授。

陈益康教授长期从事高校教学和科研工作，在电子应用和自动控制领域做出了优秀业绩，曾提出过某型飞机自震式自动驾驶系统的分析设计计算方法，并参与航空喷气发动机控制系统的系统分析，独立承担国防科委下达的高空飞行器自适应控制方案的研究，这些工作和成绩均得到了有关部门的内部嘉奖。教学上，陈益康教授在电子应用技术、自动控制和计算机应用等方面开设过十多门大学本科和研究生课程，并担任研究生导师和编写多门有关教材，供内部印刷使用。1979年，陈益康老师受到了直属工业部的部级奖励。

1985年来到上海第二工业大学后，陈益康老师主要从事专业系的组织和管理工作，尽力做好教学、科研、人事等各项管理工作，在不脱离教学任务的情况下，联系和组织了多个企业的科研项目和市级科研项目，均取得成果，推动了教学和科研工作的发展。

教书育人，师者风范

修学苦读八十载，历经世事心如海，传道授业解疑惑，为人坦荡不求名。一个把一生都奉献给了高校教学和科研工作的教育工作者，用广博的知识，伟岸的气度，慈爱的心肠培育了一批又一批的学生，在年过八旬的当下，谈及专业领域，依旧思维敏捷，娓娓道来，完美地诠释了什么叫"人贵语迟、水深流缓"。这就是原上海第二工业大学的自控系教授陈益康。

在一个有着夏末微凉的9月午后，笔者首次拜访了这位学者，他精神矍铄，为人热情，带着那种上海人惯有的风度，谈成就、谈挫败，他都没有丝毫过度的表情，然而谈生活，谈人生，他则喟叹惊喜，悉数溢于言表，见性见情。

访谈中他对自己专业领域更是旁征博引，仿佛信手拈来，对人生的感悟和理解也不经意间传达出来，完美地诠释了真正的师者风范。而顺着老先生的人生发展脉络，一幅关于新中国成立以来的电子应用技术、自动控制和计算机应用等方面的科研画卷也随之展开。

为学求学科研结硕果

陈益康出生在一个普通职员家庭，但父母非常重视孩子的教育。虽然处于战乱时期，但陈益康并未终止过学业。"那个时候，我小学就换过5所学校，整整考了五次入学考试。因为家里不富裕，得节省学费，所以每次都是靠自己考取公立学校。"陈益康回忆起当年的时光，仍然感激父母的坚持，让他养成了独立自主并好学的良好习惯。

1950年，新中国成立不久，陈益康考取了上海交通大学，主修机械工程专业，并先后掌握了德语和俄语两门语言，这为以后借鉴学习德国和俄国的科研技术提供了极大的帮助。在陈益康看来，当时的德国技术是全世界最好的，新中国成立之后，科研没有基础，他只能靠自己看外文书籍去学习研究。回忆起当年的大学读书时光，尽管辛苦，他却依然觉得美好而充实，这为他以后的高校教学和科研工作奠定了坚实的理论基础。

时值青年，在陈益康的心里，国家安危是每一名热血青年都应该关注的事情，在大学期间，他响应国家抗美援朝号召入伍参军，所以直到1955年才完成学业。其实早在1946年至1948年期间，还在读中学的陈益康就参加过地下学生联合会（简称"地下学联"，为共产党的外围组织）组织的学生运动，当时社会黑暗，陈益康因组织抗议运动而被退学，后几经周折考入上海市敬业中学，作了一名插班生。

大学毕业以后，他前往北京航空学院任助教，主要讲授仪表自动控制专业课程，也就在那个时候，陈益康确立了电子应用技术、自动控制和计算机应用的研究领域，并把这些作为自己终生奋斗的方向。那个时候的陈益康，时常翻阅国外书籍，结合中国国情并遵循教学和实际研究相结合的原则，充分利用国家和校内的技术资料、科研设备，开展一些前瞻性的科技研究工作。

在这期间，陈益康先生参与研究了一系列科研项目。在1958年，作为北京航空学院（现为北京航空航天大学，以下简称"北航"）校级课题"电子模拟计算机试制"的主要负责人，他负责总体模拟算法和总调等部分的研究工作。随后，他独立完成了"大型无人飞机自震式自动驾驶系统的设计和计算方法""无人飞机喷气发动机转速自动控制系统的稳定性分析研究"等项目。

1962年，我国开始着手研发无人驾驶飞机等军事项目，陈益康也参与了无人机部分项目的研究，他提出的自动驾驶系统的设计和计算方法，为仿制和以后自主设计类似系统找到一种有效手段。

除此之外，陈益康先生还参与过"毛料压染自动控制设备研制"项目，其负责全部设计和调试工作，仅用一年时间便给北京第二毛纺厂驻校工宣队交上了圆满的答卷。1977年，在负责三机部苏州仪表厂项目——数字式

陈益康与美国学校洽谈合作办学

转速校准仪研制时，当年就圆满完成交付使用。

陈益康在1981年至1983年间独立完成的国防科委课题——高速飞行器的自适应控制研究，为我国大型无人飞机适应性控制的研制提出了一些方法，这项研究得到了国防科委的内部嘉奖。

在北航教学期间，陈益康教授还是国防科学技术索引期刊的特约撰稿人，每两个月一期。同时，在高校教学领域，他不仅编写了《电子控制电路》《航空伺服系统》《现代电子技术基础》等大学本科教材，还翻译出版过俄文的《航空自动装置元件》《自动化》等书籍。

陈益康在高等教育领域勤勤恳恳、踏实向前，不仅得到了大家的认可，一系列的成果更见证了他在高校教学和科研领域的努力。工作的第7年，陈益康由助教晋升为讲师，接着在1979年提为副教授，1986年由北航职称评审委员会评定为教授。这些职称的变化，也在某种程度上见证和记录着他在北京高校的那段一门心思搞好教学和科研工作的峥嵘岁月。

教书育人受学生爱戴

在陈益康看来，育人是传承科研知识的最重要方式。在他长达43年的教师生涯中，除了负责科研、行政工作，给学生上课也是他肩上最光荣和最重要责任。"作为一名人民教师，传承知识的责任非常重大，老师就是要传道授业解惑，要学会创新教学，让学生喜欢听爱听，才能更好地把自己生平所学一批批地传承下去。"陈益康这样说道。

在学校，陈益康是出了名的"会讲课"的老师，其授课旁征博引、自成风格，深受学生爱戴。这种爱戴还可以从一件"小事"中看出来：1957年，坚信真理越辩越明的他为提反面意见的学生打抱不平，公开反对反右扩大化，因此在反右后期，受到退团处理。"文革"期间，陈益康劳动了3年多，第一年下放干校种地、第二年烧取暖锅炉、第三年挖防空洞。就算这样，他依然坚持自己的观点，坚持真理，不愿意成为"见风使舵"之流。当时的政治环境下，有些老师不愿承担教学等任务，陈益康总是勇于挑起不计报酬的超量工作。

对于科研人员和人民教师的两个身份，陈益康坦言自己更喜欢"教师"的身份。在他看来，被学生认可是为人师者最大的成就。在大学的教学生涯中，他曾开设过航空自动装置元件、电子技术基础、电子控制电路、伺服系统、自动控制系统、微型计算机原理等五年制大学本科课程和自适应控制、微型计算机在自动控制系统中的应用等硕士研究生课程，每年还要指导大学生做毕业设计。

在交谈中，笔者完全可以感受到他严谨的治学态度。这一态度用陈益康的话来说就是"必得其真，务求其新"，陈益康恪守学术节操，其治学精神难能可贵，用他的话概括起来有两条："一是要对得起自己，二是要经得起历史的检验。"凭着这样的治学态度，陈益康的学术探究也备尝艰辛，他总是要付出比常人多几倍的努力，以此确保研究成果的质量，力求在前人研究的基础上有所发明、有所创新。这种披沙沥金式的艰难学术创新工作,让他在收获广大学生认可的同时,也让自己的成果经得起历史的检验。

10年动乱,百废待兴,陈益康应上级要求开设了"近代电子技术"的系列课,历时5个月,其中大量应用逻辑数学方法分析问题,受到了组织和听课学生的高度认可。

鉴于陈益康在教学和科研方面的成绩,1979年我国恢复评选劳模之时,他被评选为"1979年度部级先进生产(工作)者",且被我国第三机械工业部授予了证书。在他看来,在北京就职的30年时间,他大部分的工作成果都涉及机密,因此对外他并不愿过多提及,唯独这个"部级先进工作者"证书是他个人可以带走的资料。

1981年我国开始恢复招收研究生,当时已经是副教授的他被正式聘为北航的硕士研究生导师,以国防科委下达的科研项目"飞行器自适应控制"为结合课题,开设硕士研究生课程并指导研究生。

陈益康在成都机场教学,与学生合影

回归故里再续钻研路

1985年,此时距离陈益康离开家乡上海已经整整30年。

白驹过隙,忽然而已。他还记得1955年大学毕业的自己拎着行李踏上了前往首都的火车时的情景,那个时候的他,还是一个满腔激情急于要奉献回报国家的热血青年。30年时间,这名青年已经成长为了教学第一线上的"教授"。

他在机缘巧合之下调入上海第二工业大学(以下简称"二工大"),离开了他非常喜欢并有广阔发展机会的具有浓厚科研氛围的北京,回到了上海,在二工大担任自动控制系主任。

在上海,陈益康也翻开了他人生的新篇章,踏上了另一阶段的高校教学和科研之路。直到65岁退休,他在二工大已工作了十三年。陈益康在学校除了要做大量行政管理工作外,还负责自控系教学方面、微型计算机及其应用、数字信号处理等大学课程的教学,在二工大校刊上撰写发表了《飞机航迹自适应控制》《最小二乘法分析线性系统》等著作,每年指导多名大学生毕业设计,这些学生都是来自于一线岗位。

作为一个爱好挑战的人,陈益康还先后通过竞标或商谈,组织了多个上海市内的横向科研项目。比如,负责协调了上钢三厂连续浇铸计算机控制系统、组织了金山石化厂供给水计算机控制系统项目的研究。这些项目都直接服务于生产一线,解决工程中的实际问题。同时,陈益康还首次接手了上海市的攻关项目——大型精密锻压机的计算机温控系统,并独立承担该项目竞标方案、实施设计方案、成果鉴定等工作。

因工作需要,1992年陈益康受组织调动,由自动控制系转入本校计算机系,担任系主任,除大量管理工作外,业务方面讲授过计算机系统、程序设计语言Pascal、多媒体图像处理原理、科技英语、计算机图像处理和模式识别等大学生和研究生(与复旦大学联合办的研究生班)的课程,并每年指导五六名大学生的毕业设计。

几十年来,陈益康始终坚守着对学术的那份真诚与执着。在他看来,为学的道路与求学的道路是一脉相承的，不管险阻艰难，几十年如一日地走在探索、耕耘的科研道路上，讲究的就是"坚持"二字。生性坦荡真实的他也敢于对"伪研究"发表自己的看法，正如他自己所言："做人要口实心实、坦荡为人，做科研和做人一样，都要踏实勤恳，力求心安理得。"

1988年，陈益康曾担任上海市第七届教育界政协委员，积极为上海市的教育发展建言献策。陈益康一步一个脚印走来，孜孜矻矻，埋头耕耘，敬业乐群，修身增德，用自己的一生在书写"师者风范"。在笔者看来，纸上的学问固然重要，但陈益康在工作中热衷于解决实际技术问题的务实态度和在生活中所透露的卓尔不群与在生命深处所体现的伟大奉献精神与人格操守，也正是其本身的魅力所在。

老马奋蹄矢志赴千里

上海第二工业大学成立于1960年，是一所以工科为主、管经文理艺多学科协调发展的高等院校。2009年被上海市教委列为"工程硕士专业学位立项建设单位"。在2010年，学校还成功加入"卓越工程师教育培养计划"（简称"卓越计划"），成为第二批计划高校。

陈益康觉得在二工大虽仅工作了13年，但也是学校建设和发展的参与者和见证人，看到学校如今的成长变化，深感欣慰。1998年，时年65岁的陈益康教授正式从二工大退休。而谈及这所学校，陈益康教授表示对于二工大的建设和发展定当不遗余力，在他看来，学校能够真正地做到"用人不拘一格、广收人才"是非常难得的，学校坚持职业为导向的高等教育办学定位，坚持教育与生产劳动相结合的办学方针，是非常受用人单位欢迎的。

都说"我生佳境是老年"，陈益康教授严谨求实、兢兢业业工作整整四十三载，退休后仍然"老马奋蹄"，积极参与行业建设，取得了实实在在的成绩，获得了业界同行的积极评价和广大学生的尊重。"其实我也很感谢组织和学校对我的信任，只要工作需要，我还会坚持下去，即使是退休后，如果有需要，我还会继续发挥自己的余热，但我还是希望，年轻同志能够踏上各种岗位,多多发挥光和热。"陈益康恳切地说道。

谈及退休后的生活,陈益康坦言其担任了一些企业的行业咨询顾问,给一些民办高校和夜大学校教授课程。在他看来,这些学校的学生都有一个共同之处——用功,特别是那些自学考试的学生,这让陈益康特别喜欢,也更让他更觉得自己作为一个"老师"的责任和义务。

偶尔他也会参与行业的科技讲座,比如在上海市电信局的讲座上给大家讲解现代电子科技,把自己的所长和所学以讲座沙龙的方式输送传播给大众,这是陈益康特别乐意做的事情。

他给自己这样定位——不论是兼职授课、担任顾问还是参与讲座,他都只做到70岁。他是这样解释的:一是身体所限,年龄大了。二是觉得应该把这些机会留给更年轻的人,"跟年轻人争岗位特别不道德,他们不愿意做的我来做,他们想做的愿意做的我坚决不插手"。

不争不抢、怀真独远,毫无保留、不遗余力地提携、帮助后学。这是他一生践行的品格。

陈益康在二工大为学生颁发毕业证书

坦荡为人谦逊扶后辈

"一生忙忙碌碌无所建树，问心无愧自觉不愧祖宗"，这是陈益康对自己过往人生的评价。在他看来，做人坦荡是写照，也是他为人的最好概括。他敢于直言，勤勤恳恳，又有着"知其不可而为之"的坚韧不拔的毅力，为自己的科研和教书育人自强不息、奋斗不止。说到生活，这样一位把一生奉献给了科研教育的老人身上突然又多了一丝灵动的生活气息，让他整个人都鲜活明亮了起来。

他特别喜欢听古典音乐，愿意购置音响设备和音乐碟片。当年他为了学习如何欣赏古典音乐，除了听各种讲座、翻阅书籍，还专门去拜访专家请教，以便在大学生社会工作（比如交大广播台）中派上用场。

他很爱学习，陈益康坦言自己感兴趣的领域比较广，政治、经济、历史、艺术、医学都会去学习。而最有趣的一点是，陈益康还学会了看药的成分和分量，会根据自己的身体来调控药品和药量。

在访谈的最后，他对现在的大学生提出了三点建议：一是要多做笔记。他认为现在的大学生最大的问题是做笔记不够。在他看来，做笔记的好处要三个方面：首先是可以保证上课不开小差，做到聚精会神；其次是可以拥有总结推理归纳复习的机会；最后是通过笔记可以把不同的学科集聚在一起，融会贯通。二是要多动手做课题、做研究、做实验，实践出真知。三是要多团结，多培养组织能力，团队精神。而对于现在理工科学生的培养，他认为应该着眼于以下三个方面来开展：一是应用数学。二是至少要学习两种外语，一门熟练掌握，一门可以至少阅读。三是培养动手能力。言之切切唤改革，情之深深盼发展。饱含一名老教授对年轻后代的深情寄望。

"襟怀坦白，勤奋从事，表里一致，热情待人！"既是陈益康教授的人生格言，也是一种境界，从这个角度去看任何别的事情，都是淡的、浅的、透的。陈益康教授就像一个多面的棱镜，与之交谈，不时看到奇异的闪光，再配合他的那份从容气度，让人对人生价值和智慧有了更加深刻的认可。

詹 静

教授感言：

敬业爱岗，精益求精；一丝不苟，追求完美；静心坚持，敢于担当。像工匠一样，一切从点滴开始，精琢细雕，力求有所成就和作为。

沈永鹤，上海第二工业大学机电工程学院教授，2004年获上海市育才奖。曾任上海市机械设计教学研究会副理事长，全国高校《机械设计》研究会华东地区分会理事，全国高校机床研究会华东地区分会副理事长。在教学中，将自己的实际工作经验和教学内容结合起来进行讲解，尤其注重传授学生今后在生产实践中经常用到的知识点。与此同时，结合工厂生产实际搞科研，完成了一系列课题的研究，解决了多家工厂生产中的难题。主持和参加十多项科研工作，发表有关齿轮的设计、制造、应用和机床设计的论文近20篇。在诸多项目实施过程中，他带领学院的中青年教师一起参加科研，从各方面加以指导，使他们经受实践锻炼，研究能力得以提高。沈老师还参加全国中职《机械加工技术》专业师资的培训工作和上海市中职名师师资培养工程带教工作。

他从车间里一路走来

沈永鹤，一位思维活跃的宽厚长者。退休前，他是上海第二工业大学机电工程学院的教授，一位既传统又多少显得有些与众不同的知识分子。他在教学生涯中，兢兢业业，耕耘不辍，作为工科教授，他术有专攻，桃李满天下。从他的身上可以充分感受到教育界人士的职业素养以及知识分子的责任心和道德感。从这些角度看，沈老师是典型的中国知识分子。另一方面，沈老师的教学经历非常特殊，他并非从"象牙塔"直接走到"象牙塔"。由于特殊的历史原因，他从学校毕业后，先被分配至工厂，从车间工人、技术骨干到工程师，一路积累了二十余年的一线工作经验。这些难得的工作经历，为他之后的学术生涯开展提供了宝贵的经验。而作为一名敬业的教师，他更把这些可贵的经验，从实践上升为理论，无私分享给了自己的学生们。

沈老师今年70有余，虽一头白发，但反应敏捷，谈吐有趣。让我略感意外的是，他还是一位有着十多年驾龄的老司机，至今都喜欢以车代步，这让他的晚年生活变得自由潇洒，更令生活的路径和视野都变得宽广。一见面，沈老师便向我介绍，他学车的"念头"起于一次清晨等公交车去学校的经历。那天的公交车来得特别慢，时间一点点地流逝。沈老师看着马路上的车来车往，突然想到：为什么不去学一下开车呢？那年沈老师将近60岁，作为"高龄考生"，他却非常顺利地考出驾照，一开就是十多年。不久前，他还把已经开了十多年的旧车卖了，在"70+"的岁数上拥有了一辆新车。他愿意了解新鲜事物，既有埋首苦学理论的劲头，又充满动手和实践的热情，这一点，几乎也贯穿在他的学习、工作和生活生涯中。

谈及往事，沈老师娓娓道来。纵然时光流转，但对于沈老师而言，那些过去的时光平凡而又充满魅力，有着特殊的意义。

从"航模爱好者"到"技术能手"

沈老师生于1945年。在中学学习之余,他沉迷于各种科学小制作,更是资深的"航模爱好者"。他的航模水平相当了得,不仅是市航模协会的会员,还代表学校去参加过各类航模比赛,也获过奖。那时候,每家的生活条件都不好,沈永鹤的家境更是一般,但沈永鹤会把难得的零花钱都用来购买航模材料。空间有限的家里,几乎堆满了各式各样的航模制作。这些精心制作的航模,是他在那个物质窘迫、充满迷茫的时代里,最有价值的回忆。而制作航模过程中培养的动手能力以及思考能力,更令他终身受益。

高中毕业那年,因家庭成分以及个人身体原因,沈永鹤未能进入心仪的大学就读。但幸运的是,1962年,他被分入上海机电局,在培训班学习了一年之后,1963年进入上海光亚机械厂工作,成为一名普通车工。虽然上大学深造的路给堵死了,但动手能力强,喜欢动脑筋钻研的他却在车间里找到了新乐趣。那些日子,他自学"机械制图""机械设计"和"液压传动"等课程,向有经验的老师傅们虚心求教,很快上手,逐渐成了一名优秀的车工和革新能手。

沈永鹤很快脱颖而出,担任了车间施工技术员,不仅能操作车、铣、刨、磨普通机床,而且还能操作滚齿、插齿、剃齿、磨齿等齿轮加工机床。但单单成为一名好车工并不能让他满足。对于机械设计,沈永鹤有着天生的才能,更有强烈兴趣,为此,他积极参与厂里产品的工艺和工装设计,向技术科的人员学习,常常留下来加班参与技术改造,做施工方案。不久之后,由于他的专长和业绩,就被调入了厂技术科,专门从事机械设备设计工作。之后,1984年又被调到总厂,担任技术研究和管理工作。

沈永鹤在工厂一待就是二十多年,成为一名资深技术人员。他熟悉生产一线,先后担任过厂里的工艺、设计、研究和管理工作,曾主任设计、制造过20余种机械设备和产品,例如Y4232剃齿机、半自动铣钻床、花键精铣床、CB3832半自动六角车床、CK5863程控立式车床、液压多刀半自动车床、液压仿形车床、电机座专用镗床、全自动泡沫塑料成形机、多种系列齿轮减速机等20多种机械设备和产品，获得过三次上海市级奖励。

1975年，沈永鹤承担了"CK5863液压半自动程序控制立式车床"的主任设计、制造和调试工作。这台机床是专为电机厂设计，目的是用来加工JO3型6～9号电机端盖的液压半自动车床。刀架重复定位精度很高，在0.005 mm之内，加工精度Ⅱ级。机床除装卸工件外，刀架顺序动作、主轴变速、进给速度变换、动力卡盘夹紧力的调节以及主轴准停等均要求能自动完成。为了研发这台车床并顺利投入生产，沈永鹤加班加点，反复试验，克服了诸多技术难点，终于研发成功。这台机床解决了当时电机制造业自动化的一个难题，获得了行业的好评。那一年，沈永鹤刚刚30岁。

重圆"大学梦"

"文革"结束之后的1978年，沈永鹤遇到了人生的一次大转折。"文革"后的各行各业，百废待兴，急需那些能够将理论与实践相结合，在生产一线直接发挥才能的骨干人才。为此，上海市第二工业大学直接面向社会招生。经厂里同意，并通过入学考试，沈永鹤得以一圆大学梦，以半脱产的形式在二工大学习。沈永鹤非常珍惜这来之不易的学习机会。

彼时的上海第二工业大学，在企业中有着良好的口碑，不少企业的技术骨干均深造于二工大，这里，可谓是技术专家的冶炼熔炉。学校对这些工人技术骨干们实行半工半读的学制，三天读书三天工作，让工人技术骨干得以在半脱产的情况下顺利完成学业。

20世纪70年代末，人们学习热情空前高涨，整个社会都非常提倡"在工人中培养工程师"。在这样的社会背景下，学校投入的师资力量亦十分强大。老师们不舍昼夜，拿出满腔热情投入教学，毫无私心地把所学传授给学生们。沈永鹤谈及当时老师传授学生的种种细节，感激之情流露言表："那时的指导老师在学生实验报告上的批语和注释，写得密密麻麻，字数比学生写得还要多；班级中如果有学生生病住院，任课老师不仅到医院看望，还会想尽办法抽出时间帮其补课；学生的学习时间如果和上班时间有冲突，教务老师会主动到学生工作单位进行商量协调……"

而沈永鹤这些来自企业一线的骨干，对于学习的投入程度也是超乎想象的，《高等数学》的习题集他做了17本黑面抄，《理论力学》的习题集他全部做完。大家几乎很少有人单单是为了一张文凭而求学，都希望利用这来之不易的学习机会，让自己所学所悟的知识及时消化，不断充实，能直接运用到技术革新中，渴望学有所成带来实际的效果。

当时学校的这种教学风气和学术氛围，给沈永鹤留下了难以磨灭的印象。对他而言，这也是人生中最快乐的一段时光。

1982年，通过半工半读的学习，沈永鹤从"机械制造工艺设备及自动化"专业毕业，同时也成了"文革"后二工大的第一届本科毕业生。基于二工大一直以来对应用型人才培养的侧重，沈永鹤很快就能学以致用，将所学所长运用到工作中，无论是做设计还是研发，都更加得心应手了。

沈永鹤与学生合影

或许当初离开中学，与大学失之交臂的时候，沈永鹤从未梦想过自己会成为一名大学教师。但从二工大毕业五年之后，机会真的来了。作为一名优秀的技术人员，沈永鹤被调入上海第二工业大学机电工程学院，成为一名大学教师。这时候，距离他参加工作，已经过去了25年。大学，从此成为他后阶段职业生涯的重要舞台。

得心应手的"双师型"人才

在二工大，沈老师是不折不扣的双师型人才。所谓"双师"，即既是"教师"又是"工程师"。作为一所以培养应用型技术人才为特色的学校，二工大，急需的正是沈永鹤这样一些"双师型"的人才。

对于沈老师来说，从工厂到学校，涉及的专业有共通之处，但从技术人员到教师，角色上的转变十分巨大。从一线的设计和研发，到面对学生，教书育人，责任和担子都不一样。二工大的老师和一般的高校教师还不同，老师要接触学生，熟悉教育心理；要备好课、上好课，传道授业解惑；更要带领学生下工厂、搞科研。但有前辈老师做榜样，加上二工大钻研、务实的作风，沈老师较快适应了新角色，不久便在教育舞台上一展身手。在教学过程中，他将书本理论，结合自己在生产一线20多年的实践经验进行教学，得到了同行的认可，更得到了学生的好评。

不但"教师"不一样，二工大的学生也和一般的大学不一样。大批学生，都和沈老师当年一样，来自工厂一线，是厂里的骨干，是生产一线的主角。来二工大学习，时间是"挤"出来的。半脱产学习，意味着工作、学习，甚至家庭事务，一样都不能放。然而，要平衡好这三者并不容易。

沈老师自己也是这么过来的，做学生的时候，他常常就是在各种角色之间连轴转，难免也有力不从心之感。当了老师，他更能体恤学生的不易。这些工作之余前来进修的学生，往往比普通学生更有学习热情，也更有紧迫感。作为教师，除了认真教学，更会尽一切所能为学生创造学习条件。

沈老师教过98级机械电子工程专业（专升本）班级的学生。这届学生大多来自上海机电、冶金、汽车行业,很多同学是这些企业的技术骨干和车间管理干部,他们的工作本身就满负荷,有的要早中两班翻,有的甚至三班倒,从中要挤出一点时间来学习实属不易。

沈老师当时担任这个班的班主任。每个学生们上班班次不同,能花在学习的时间也不同,对这些学生,有时只能"区别对待",花费不同时间为他们进行辅导。比如上中班的同学,就组织他们上午来校进行辅导。学生们学习很积极,自发组织了课余自学小组,进行互帮互助,沈老师会抽时间参加他们活动,并进行课外辅导。有些学生,时间上实在有困难,沈老师就让他们休息日来家里,把家变成了另外一个课堂。一来二去,"挤"的其实是自己的业余时间。

98级有位"名人"——全国劳动模范、数控机床操作能手李斌。他是工段长,厂里本来就工作繁重,加上社会活动又多,"工读矛盾"尤为突

沈永鹤与他的学生——全国劳动模范李斌合影

出。但李斌本人非常努力，对于学习毫不敷衍，总是想尽办法抽出时间来学习，沈老师也很为他这种精神感动，总是尽可能地为他创造学习条件。

做毕业设计时，李斌的课题是"某液压泵站的设计与调试"，沈老师担任他的指导老师。但不巧的是，当时李斌所在的厂里正接到核潜艇液压泵的加工任务，李斌是主力，工作极忙，加班加点，完全离不开工作岗位。沈老师就主动安排时间亲自到他厂里现场进行指导，这样为他节约了厂校间来回交通上花费的时间。最后，李斌如期做出了一份满意的毕业设计。其他学生也一样，在沈老师的辅导下，这些半脱产学生的毕业设计大多能结合工作实际，不少毕业设计应用于生产实践中，解决了工厂的实际难题。

作为一名大学教师，25年的企业工作经历，让沈老师显得有那么一点与众不同。沈老师把这份"与众不同"，变成了自身的优势。他的教学方法很有特点。因为来自生产一线，所以他在教学上甚少"闭门造车"的一套。教学过程中，他强调工作机理、使用场合、技术关键、设计方法，注重解答如何处理实践中出现的问题，而不是一味地讲公式。和学生讲课时，他常常把学生带到现场、亲自打开机床，进行现场演练，通过手把手地教、一点点地带，由浅入深、由感性至理性地引导。这样的教学深入浅出，直观而生动，激发了学生的学习兴趣。他对学生要求很严格，却都是出于"真爱"，学生们有所收获之后，都很感激他。

因材施教的"麻烦"教授

也许每一位教师内心都想知道学生对自己的评价，沈老师应该也不例外。在学生心目中，他是一位什么样的教师呢？

从进校到退休，沈老师算得上"桃李满天下"。他接触过太多太多的学生，学生们的个性、特长以及人生履历不同，后来的人生道路也往往走得不一样。他对自己的历届学生，有欣赏、有自豪，也有惋惜，最大的愿望就是自己能领学生们少走弯路，早一天取得成果。"因材施教"，貌似简单，付出很多。

半工半读的半脱产学生，基础知识相对薄弱些，除了要保证他们的学习时间，更要加强基础理论知识的教学。而那些全日制大学生，从高中到大学，人生履历简单，动手能力一般，学习动力，也没有那些"老学生"那么强烈。对于这些学生，沈老师也会有针对性地教学。

　　他执教过《机械设计》《机械制造工艺学》等专业课程。这些工科教学很注重实用性，在教学中，他会将自己的实际工作经验和教学内容结合起来进行讲解，尤其注意传授学生今后用得着的知识内容。

　　在学生心目中，这位老师有时候有点过于严格，甚至有点儿"麻烦"。比如在《机械设计》的课程设计中，一般的教学要求是设计一级减速器，而沈老师根据工厂的实际需要和提高学生的设计能力，要求同学们做二级减速器设计，大大提高了设计难度。许多同学开始不理解，还有点抵触情绪。沈老师对之并不在意。在课程设计中，沈老师反复向学生强调使用手册、标准和规范，以保证零件的互换性和工艺性。对于每一个参数的查找、每一个结构的确定都悉心指导。

　　一开始，学生们觉得非常难，常常会出错。一个小小的参数、一个简单的结构要反复好几次。但由于采用边计算、边画图、边修改的"三边"设计的教学方法，按部就班，循序渐进，通过两个星期的理论和实际结合的应用过程训练，同学们在机械设计方面学到了许多真本领。这时候，学生们的"怨气"消失了，发自内心地感激老师。沈老师开心地回忆："课程设计结束时，大家都抢着替我拿东西呢。"

　　在教学时，他发现有一批学生，对本专业有热情，学习也有悟性。为了激发他们更多的学习热情，他专门组织了一个机械专业课外兴趣小组，由他进行指导，每星期活动一次。学习内容从最基本的工程语言——制图开始，从而进一步教授、训练其他相关的各种专业知识和基本技能，提高他们独立解决问题的能力。沈老师说："自己人虽辛苦点，但同学们收获不小，心情就很愉快。"

　　工科学生，毕业要做毕业设计。沈老师不希望他的学生学的是"屠龙之术"，而应学到的是点滴积累解决实际问题之技。作为指导老师，他会和学生们一起讨论确定研究方向，而他设立的课题，几乎都是来自企业生产实际需要的课题。比如他曾经带一批学生做过一个《德国蒂森克虏伯公司生产TPM3-75DOS-V-65塑料挤出机的主传动齿轮校核计算》的课题。这个课题，对学生专业知识的要求很高，研究过程中也常常出现难题，作为指导老师，更要花费大量精力和心血。

在做这个毕业设计课题的那段时间里，晚上给学生们上课补充许多新的知识和技术内容，白天他的身边几乎围满了求答疑指导的学生。中午饭没时间出去吃，同事们会给他带来。但有时，给学生们答疑解惑，一时就忘了有吃饭这回事。一直到下午一两点钟扒上几口，饭菜早已凉了。

学生们都挺努力，但沈老师在指导过程中，仍然事无巨细，毫不放松要求。为了让同学们了解整个精确计算过程，他要求每个同学必须要一步一步进行手工详细的计算，计算步骤和数据都要经过审查存档，最后还要求大家编制《齿轮强度计算》计算机软件进行逐一校对。计算结果不令人满意时，还跟同学们一起讨论各种技术参数修改方案，并进行重新计算。通过这样的毕业设计过程，学生们可以把毕业设计成果和方法将来带到工作中去使用，而不干本专业的同学也可从中学到有益的工作思路和方法。学生们顺利通过毕业答辩后，深有体会地说：感谢沈老师让我们学到了真本领。更有许多学生毕业工作后回来说，沈老师教的知识和技能，真的在实际工作中派得上用场。

课题研究，是学术更是爱好

教学之余，沈老师对于科研设计，仍保持着持续的热情。这种热情，大概就和小时候做航模一样，因为和个人志趣相符合，所以从未被磨灭。沈老师瞄准工厂实际搞科研，完成了一系列课题的研究，解决了多家工厂生产中的难题；声名在外，不少企业遇到相关专业的难题，也常会寻求沈老师的帮助。

沈老师曾经帮助福建某大型炼油厂，设计了一台"塔式回转升降登船梯"。当时这家厂求助于沈老师,原来他们有一个技术难题一直没有得到解决:炼油厂生产的原料,要从万吨油轮上卸下原油。轮船停靠码头后,由于油轮的满载和空载,潮汐的昼夜起落,都会造成船体甲板和码头岸边上下十多米的落差。工作人员要上下船,必须在码头边建造登船电梯。之前在码头岸边建造的固定登船电梯,电梯导轨的一端必须"扎根"在海水里,但这样一来,时间一长,海水会腐蚀金属,电梯损毁严重,造成危险。

为了解决这一问题,沈老师与系里的教师三下福建,到现场勘察,反复研讨,充分考虑到设备的防爆安全和操纵简便,设计制造出了一台塔式回转升降登船梯。这台登船梯可根据需要进行自由回转升降,貌似简单,成本也低,却实际解决了厂里的难题。

上海电气集团下属某制造企业生产的SJZ系列锥形双螺杆塑料挤出机,有一个关键技术长期没有解决:它的主机主传动齿轮寿命短,易磨损,一

沈永鹤设计的产品——塔式回转升降登船梯

直干扰该产品的正常使用。这件事无意中被沈老师得知后，他主动地接下了这个课题。他和他的同事们，运用《变齿厚齿轮啮合机理和制造研究》这项技术，将该主传动齿轮设计成相交轴变齿厚齿轮啮合，又根据齿轮的大宽径比特点进行数控齿向修形加工，并选用合适的材料和热处理，彻底解决了该产品的技术难点。同时，他还帮该系列产品设计制造了多种规格结构紧凑、输出扭矩大、使用寿命长的减速机，用于该系列产品各种型号拉伸辅机上。在重大疑难问题迎刃而解之后，这"SJZ系列锥形双螺杆塑料挤出机"还被评为2002年国家重点新产品，上海市2002年度名牌产品100强和2003年度上海名牌产品。其实做这些课题，要占用很多业余的时间。尤其在科研项目进入"瓶颈期"的时候，废寝忘食是常有的事。但沈老师幸运的是他在科研和个人志趣之间找到了平衡点，所以他常常乐此不疲。

在积累了越来越多的教学和学术经验之后，沈老师也开始关注青年教师的培养。不少科研项目，他都会带领学院的中青年教师一起下企业参与，包括《XX-X型舰船导弹集装发射舱高低回转机械传动系统》的设计、《数控工业缝纫机送布机构无侧隙齿轮传动》的设计和制造、《导弹滚珠丝杠的无侧隙齿轮传动》的设计、《用于波音和空客系列飞机机翼维修13种左、右双向滚珠丝杠应力应变检测、调试、最终验收试验台》的设计、《用于波音和空客系列飞机风机维修检测的输出转速为54 000转/分高速齿轮增速器》的设计和制造等一些有难度的项目。他会从各方面加以指导，使他们在实践经验以及研究能力上得到长足进步。他甚至还专门组织了系里七八个教师，给每个人挑选来自工厂生产实际的毕设课题，每星期给他们上课，悉心指导，使这些教师的指导毕设能力大大提高。

沈老师一直铭记当年在二工大求学时，那些前辈教师对与他和同学们付出的心血。他们的精神一直感召着他，现在，他也愿意把自己的经验传授给中青年教师。"因为他们代表了学校的未来！"

面对信息时代，他也不甘落后，不仅会熟悉运用电脑和笔记本，面对各种图文和数据处理，也都得心应手。他的知识结构不断更新，总能很快就和年轻人找到共同话题。他对很多新事物感到好奇,爱钻研,甚至把退休前用来搞科研的劲儿用到了家务事上,家里的不少电器,都被他改造得更加安全和便捷。

比较难以想象的是,沈老师曾经还是一位非常优秀的"舞蹈演员"。年轻时,他还参加上海市工人文化宫舞蹈团,业余学习古典舞和民族舞,他们的演出经常接待外宾,还得到过周恩来、陈毅等国家领导人的接见。如今,虽不再像年轻时那样亲自上场,但艺术和音乐,却成为他退休生活中重要的陪伴。

沈老师是活得特别清醒的一位。他有着传统教师的美德,刻苦、敬业、充满责任感,向学生"传道、授业、解惑",毫无保留;他又难能可贵地保留了自我,工作出色,生活同样精彩和丰富。在保持热情和好奇心的前提下,人生的每一个阶段都让自己不断成长。他的人生感言,既是对自己的总结,也包含着对年轻人的期许:有坚持,有担当,从点滴开始,精琢细雕,力求有所成就和作为。

予 彤

教授感言：

　　教师是影响学生灵魂的职业，教育是一种事业，对它应该充满爱。其中核心是热爱自己的学生，因为，在一定意义上说，学生是我们事业和生命的延续。

蒋世弟，1935年生人，教授，华东师范大学历史系中国近代史专业硕士。先后在华东师范大学、上海第二工业大学任教。主要从事中国近代史、中国革命史和毛泽东思想、邓小平理论研究的教学工作。著有《林则徐》《林则徐诗文选》等，合著有《中国近代史》《中国革命史》《日本侵华史话》等。曾获1997—1998年度上海市育才奖。

何其有幸，我这辈子当了老师

教书育人似乎是蒋世弟教授干了大半辈子的事儿。从华东师范大学历史系，到上海第二工业大学（以下简称"二工大"）马列部，耕耘高校讲坛三十多年，蒋世弟桃李芬芳，硕果累累。尽管自认不擅长管理岗位，但只要有需要，他总是竭尽全力，以知识分子的认真和执着担当着他认为的分内事。

1986年调到二工大后，蒋世弟先后担任马列部教师、系主任、分校区校长，还担任了校学术委员会成员、职称评审委员、学报编委、教学督导组组长，为这所工科大学的文科建设，学生素养、能力的综合培养贡献了一己之力。

爱教育事业，爱学生，以此为核心调适教学方法，创新教育实践。在蒋世弟先生的回忆中，没有波澜起伏的故事，但每每在细节处，可以感受到他对这份事业的热爱。在历史洪流中，个人只是沧海一粟，即便如此，也要认真对待，以健康、充实、积极的心态面对生活。"学高为师，身正为范"，出身师大的蒋世弟教授正是这八个字的践行者。

顺风顺水读书郎

蒋世弟出生在一个普通的工人家庭。父母亲都是文盲，两个姐姐和一个哥哥都没进过全日制正规学校，1945年抗战胜利，10岁的蒋世弟在一个偶然的机会进入了一所免费的小学就读。尽管起步晚，但此后的读书之路他始终顺风顺水。在小学，他是上海市第一批少年先锋队员中的一员，还当上了大队长。小学毕业，他考取了市西中学，后来又直升本校高中。在此期间，他加入了共青团并担任团支部书记，直至高中毕业。当时没有所谓的重点学校之分，但市西的教学质量和口碑在沪上享有盛誉。在学习科学文化知识的同时，蒋世弟参加了学校团组织举行的各类活动，比如与在沪的苏联学生联欢、参加营火晚会，同访华的苏联海军官兵在公园里跳舞聚会，听归国志愿军英雄事迹演讲，聆听时任团中央书记胡耀邦同志的报告等。这些生动而有意义的活动不仅开阔了他的眼界，也坚定了他的信念。1957年，蒋世弟高中毕业，以第一志愿的成绩考取了华东师范大学历史系。当时家里经济条件有限，学校不仅不要学费，还免饭费。蒋世弟至今还记得，当时12块钱一个月的伙食吃得很好，8个同学围成一桌，桌长负责，大家一起吃。清晨，他常在丽娃河畔锻炼、背英语单词，也常到夏雨岛上散步、活动。1961年蒋世弟本科毕业，也是在那一年，他光荣地加入了中国共产党。

"本科几年运动不断，实际上没好好读书。"蒋世弟至今仍感叹，当年花在学习上的时间太少了。尽管如此，他仍然受到机遇的垂青，本科毕业直升研究生，跟随史学大家陈旭麓先生进行中国近代史研究。陈先生学富五车，史学功底深厚，但一口湖南话，实在让人难以"消化"，他很少给本科生上课，蒋世弟跟随先生半年后也才开始慢慢听懂适应。此后，凡是先生做专题、学术报告之类的，担当湖南话"同声传译"的就是他了。三年研究生，如此这般的耳濡目染，蒋世弟的学术研究也渐渐步入了轨道。

下乡锻炼受磨炼

1965年研究生毕业，他再次幸运地被安排留校。先是在上海市招生办做了四个月的高考招生，后来被奉命派往安徽定远搞四清运动。到皖北生活的这一年，对他来说几乎"穿越"了另一个世界。

当地贫困的情况出乎想象：所谓稀饭就是汤，一拳头米烧一大锅。玉米饼、高粱饼，还有山芋、槐树花，几乎天天吃这些。30多岁的蒋世弟正是年轻力壮的时候，饿了就只有这些东西，实在吃不下，勉强吃一些，过会儿又饿了。农民没有现钱，一些生活必需品都是"物物交换"。比如盐和点灯的煤油就是用鸡蛋来交换的。那时，蒋世弟到生产大队担任工作队的副队长，吃在农民家里，粮票全部交给农民，每个月还给现金，但物质的匮乏让巧妇也难为无米之炊。

蒋世弟至今还记得每次到公社开会，单程要走25里路，天还没亮他就准备出发了。当地老乡知道他来回赶路辛苦，特意烧了点干饭，炖个鸡蛋送他上路。农村地广人稀，也没有道路标识。一次他晚上赶路回来，没有灯，差点迷路，几乎走到了凌晨，还好老牛犁田的"哞哞"声及时传来，才又辨明了方向。

"现在说，没有农村的小康，就没有全国的小康。我特别有体会。"尽管那段历史被重新评价，但作为个人的一段经历，蒋世弟终生难忘。除了艰苦生活带来的成长磨砺，那段生活也让他落下了胃病。后来，蒋世弟又在大丰、奉贤的五七干校待了一年。从最初的盐碱地开荒，到逐渐自给自足，同大家一起尽可能地改善生活，他明白了一个道理，没有什么是学不会的。都说知识分子只会拿笔，但就是那段岁月，从杀猪去毛、学种粮食蔬菜，到管理食堂，生活的磨炼教给了他额外的"武功"。

初执教鞭上讲台

"文革"结束后，蒋世弟回归华东师范大学历史系中国近代史教研室，开始了他真正的教书生涯。搞专业，研学问，把失去的时间补回来。这段日子，他教授中国近代史课程，后来还担任中国近代史教研室主任。

初登讲台时，为了督促学生及时复习所学知识，蒋世弟在一些班级中进行课堂提问，这些问题大多是知识性内容，答案简单明了，学生只需一两分钟即可回答完毕。一堂课提问三名同学，根据回答质量当场打分，纳入学生的平时成绩考核。这本来是很常规的一种教学方式。可是有一天上课，学生对蒋世弟反映说，上蒋老师的课太紧张了！为了应付课堂提问，连午休都休息不好，能不能取消课堂提问？

与此同时，另一个班级的一些学生，课间休息时，趁老师不在教室，

1984年,蒋世弟在黄浦区讲课

在"点名册"自己的名字后面直接写上了"中"或"良",被蒋世弟发现后挨了严厉批评。学生说,是为了不被课堂提问才出此下策。这件事对蒋世弟思想触动很大。本意是考查学生学习效果,督促学习主动性,如果给学生造成很大的思想负担,把注意力不放在学习本身,反而成为一种干扰,是否可取呢?

蒋世弟反复考虑了很久,觉得这个做法有不妥之处,主要是把学生当做单纯装知识的容器,认为给学生灌输的知识越多教学质量就越高,把学生放在被动接受知识的位置,难以调动学生的学习主动性和积极性。于是他调整教学方式,在提高学生学习主动性上想办法,在提高学生分析问题和解决问题的能力上下工夫,除遵循课程内容的科学性以外,还注重趣味性和可听性,讲课内容尽量丰富生动,不时穿插一些有关的历史故事,来阐明历史的进程和规律。

历史课原来不只是"故纸堆""掉书袋",还能这么"有血有肉",课后同学们在一起说，中学时学历史觉得很枯燥，现在听课，发现历史原来这么的生动有趣！

能力培养最重要

　　蒋世弟始终认为，学生对教学内容感兴趣了，才会有学习的积极性，老师们的所谓传道、授业、解惑，才可能很自然地入耳入脑。而讲课过程中，与学生的对话交流技巧也很重要，语言尽可能避免平铺直叙，不搞"一言堂"，让学生的"小宇宙"经常爆发一下，课就成功了大半。

　　尽管取消了提问计分，但并不意味着上课就可以松懈了。蒋世弟还是延续边讲边问的风格，遇到没有同学主动回答时，他故意不看点名册，直接点名"拎"学生起来回答讨论，在新班级上课也是如此。同学们对此多少有些惊奇，既紧张又兴奋，目不斜视，全神贯注，注意力都集中到了课堂，这样的气场里，教学双方的积极性都得到了发挥，教学效果自然很好。

　　对文科学生来说，蒋世弟始终认为，讲和写是最重要的两项能力。有了想法和观点，不懂得表达，等于是零。对二工大的学生而言，讲和写的能力提升在大学阶段显得尤为重要。于是，他在课堂上想尽各种办法给学生锻炼机会。组织学生就某一课题进行课堂讨论，然后交流小结，小结时着重表扬准备充分、发言积极的学生；组织学生在课堂上演讲，比如"戊戌变法与当代改革"的主题，教师定演讲内容，学生自拟题目写演讲稿。在讲台上面对全班同学讲两三分钟，有的学生可以脱稿演讲，神态自然；有的学生则始终低着头，声音很轻地念，显得紧张又害羞，起初时各种表现都有，后来慢慢讲得多了，大家也开始越来越流畅了。

　　"课堂演讲对提升学生的表达能力作用很大，有学生对我说他从来没有面对那么多人讲过话，经过课堂演讲胆子大一点了。哪怕台上讲几句话，对学生都是锻炼。"演讲总结时，蒋世弟会从各个角度给学生鼓励和表扬，同时也指出可以改进和提高的地方。历史教学由此不仅仅只体现在知识的传授和引导，也成为培养学生综合能力的一个入口和契机。

因材施教求创新

在全日制班级的教学过程中，蒋世弟规定，每隔两周或三周有一次课外辅导。定时定点，学生自由参加，对于来辅导的学生除了讨论专业知识外，还可以延伸出去，交流一些学生感兴趣的话题。开始时来参加辅导的学生人数很少，后来就逐渐多了起来，有时，蒋先生的办公室被学生挤得满满的，椅子坐满了，就坐到桌子上和地板上。那时没有手机、网络，信息渠道远没有现在丰富，学生们的近悦远来让蒋世弟意识到，这是一个因材施教的好场所、好时机。

在课堂上，要根据统一的教学大纲面对全体同学讲课，而这样的课外辅导则可以进行个性化教学，尽可能挖掘和发展每个学生的学习潜能。有的同学想对某一问题进行探讨和钻研，蒋世弟就介绍一些书籍、开出书单鼓励他们独立寻找答案；有的同学有一定的文字表达能力，并对某一历史事件或人物感兴趣，蒋世弟就鼓励他们写成文章记录下来，他负责看稿和修改，向合适的出版物推荐投稿。当学生看到自己写的文字第一次变成铅字时，那种兴奋和由此激发的学习动力让师生双方都特别高兴。对能力一般的学生，他也尽可能给予机会让他们得到不同的锻炼。这种个性化课外辅导的尝试提升了学生的学习积极性。

蒋世弟教的是中国近代史，而百年中国看上海，作为近百年发展起来的一个国际化大都市，上海的历史可以说是中国近代史的一个缩影。上海开埠后发展起来的自来水、煤气、电车、纺织厂、南京路上的四大公司等都是现成的鲜活的历史教科书，蒋世弟于是组织学生进行社会调查。学生三到五人自愿结合成组，每组确定一个调查对象，系里开出介绍信，学生自行联系，拟定调查题目，实地考察、交谈、开座谈会调研，一周后写出调查报告并进行全班交流。有意思的是，学生的调研活动几乎都受到被访单位的欢迎，在此过程中，蒋世弟给予各小组不同方面的指导。有一届学生的调查报告后来还汇总打印成调查报告集。

2000年，蒋世弟在大寨访问宋英

"社会调查对学生能力锻炼和提升的作用很大，可惜常常因为时间安排不过来，实施起来困难重重"，回忆起那段日子，风风火火的社会课题调研给学生带来的能力提升，蒋世弟先生至今还印象深刻。

桃李天下成果丰

从学校到学校，踏上教育岗位后没有离开过大学校园的蒋世弟，活得简单而纯粹。校园是"铁打的营盘流水的兵"。一年又一年，学生们毕业了一批又一批，不断有更年轻更鲜活的一代，来到蒋世弟的课堂。他们中，有全日制的大学生，有来自各地渴望提升的成年人，有函授班的学员、干部班的学员……蒋先生都一视同仁，有教无类，掏出自己的积累，传授给一届又一届学子。一载又一载，总是依依不舍地和同学们告别。

偶尔在马路的人行道上，在商场里，在公交车上，在学术讨论的会场中，都会不期然间听到有人叫一声"蒋老师"，有人从遥远的地方给他写信、寄贺卡，上面都写着"老师"，还有毕业后的同学通过时任班主任找到他并邀请他参加他们的同学聚会，"老师这个普通的称呼总能勾起我美好和幸福的回忆"，蒋世弟说。尽管面对一个个毕业多年的学生，他脑海中的快速"搜索"不一定能叫出他们的名字，但从一个家境贫寒、少不更事的穷孩子，到成为一名光荣的人民教师，并能够在高等教育的田野上耕耘30多年，为党的教育事业添砖加瓦，蒋世弟始终感恩。何其有幸，这辈子当了老师！

除了满满的教学和管理任务，蒋世弟始终没有放弃专业领域的研究。作为国内研究林则徐的知名学者，他先后著有《林则徐》（上海人民出版社出版）、《林则徐诗文选》（华东师范大学出版社出版），与人合著《中国近代史》（高等教育出版社出版）、《中国革命史》（华东理工大学出版社出版）、《林则徐诗文选注》（古籍出版社出版）、《日本侵华史话》（上海人民出版社出版）、《中国名人大辞典》（辞海出版社出版）等学术著作。

感恩学校与时代

蒋世弟1986年2月调入上海第二工业大学，教中国近代史、中国革命史，担任副系主任。因为有书有文章，很快评上副教授，5年后获评教授。在二工大，课程非常多，他不仅上课、编写教材，后来还担任系主任、分校区校长。尽管自认是"赶鸭子上架"，他总是认真、投入地努力做好。

1994年，蒋世弟查出患有肾脏恶性肿瘤，要拿掉一个肾脏。6月份做完手术，在学校关心安排下，出院后又在疗养院休养了一段时间，9月份又开始了新学期的正常工作。

蒋先生生性淡泊，不想当"官"，要搞专业，也从未向学校提出住房等要求，但64岁退休前，学校不仅推荐他获评上海市育才奖，还增配给他一套房子，这让蒋世弟至今心存感激。

2000年蒋世弟退休，很多责任卸掉了，但教学督导组组长还当了好几年，在职时忙，退休后反倒有了更多时间"开门听课"，帮助年轻教师尽快成长。他还在学校"关心下一代工作委员会"工作，退而不休，每到一些特别纪念日，常常受邀给学生、青年干部、青年教师等开近现代史的相关讲座。为学生改稿，编文集。

现在，即便在离开教育岗位十多年后，他依然乐于分享自己的所学和心得。退休后的蒋世弟有了更多的自由时间，逛博物馆、展览馆、纪念馆成为他的一大爱好。一次在参观时，一位年轻的讲解员向他介绍图片内容，他也随意叙述了与此相关的一些历史背景和知识。开始时，讲解员有些惊奇，呆呆望着他听他讲述，后来招呼了另一位恰好空闲的讲解员一起来听，就这样几个人一边参观一边交谈，参观结束，蒋世弟被邀请到他们的办公室坐下休息，交谈中得知讲解员们都是在背诵打印好的解说词，他们没有进行过专业的培训。蒋世弟于是在讲述有关知识的同时，还推荐了

1999年，蒋世弟与妻子在绍兴东钱湖游览

一些书籍供他们阅读参考。这样的意外经历每每让他体会到知识的力量，学问不因年龄而褪色，以往的积累依然能够给今天的人们，尤其是年轻人一些帮助和启发，这让他感到特别的愉悦。

在江南古镇，常常可以看到这样一副对联：世间数百年旧家无非积德，天下第一等好事还是读书。退休后的蒋世弟办了一张一卡通读者证，联网全市所有的大小图书馆，根据自己的兴趣和时间，更加自由畅快地沉浸其间。除此之外，他热爱唱歌，为此去老年大学声乐班学了多年。平时他爱去鲁迅公园、曲阳公园，散步、健身、交友。"去吼吼，唱唱歌"，81岁的蒋世弟对生活的热爱依旧充沛而饱满。

与波澜壮阔的历史相比，这些个人记忆中的小沙砾显得如此的平淡无奇，但正是这平凡厚实的一段段旅程，成就了一个个学生的未来，也成全了一个教师的责任和使命。

张文菁

教授感言：

　　沉潜学术心，从容生活态。谦虚而踏实地去生活，面对纷繁人事就能坦然自若。

　　薛祖德，上海第二工业大学流压传动与控制系教授。1932年5月生，江苏无锡人。1953年毕业于上海交通大学，1956年就读清华大学机械制造专业研究生，毕业后，留在清华大学从事教学科研。1976年起，在上海第二工业大学任教，长期从事"液压传动与控制"及"机电一体化"方面的教学和科研工作。1980年，被评定为副教授；1983年至1985年，任上海第二工业大学科研处副处长；1990年，晋升为正教授。1986年起，回机械系从事液压传动和控制方面教学工作，并组建"机电一体化"方面的新专业，于1997年退休。在二工大工作期间，多次参与液压制动方面教材的编制工作，其中主要的教材有：《液化传动》教材（中央电大出版社1986年和1995年出版）、《液压传动与控制》（上海科学技术出版社1981年出版）等。主要科研成果"自激式液压振动器""人工关节实验机控制系统"等，发表有关液压传动和控制方面论文十余篇。

治学为师，谦而载誉

时光流转，从1960年上海第二工业大学建校至今，已经58载。风雨兼程，使许许多多的老教授把他们最宝贵的青春献给二工大，在偌大的校园内撒下汗水和希望。他们是学者，是教授，更是二工大的耕作者；他们把智慧筑成阶梯，留给后来的攀登者；他们或许年事已高，却又亲切如初。

薛祖德，一个耄耋之年的老教授，就是这些默默的耕作者之一。在"液压传动和控制"领域，他是二工大里公认的学术造诣深、成就卓著的专家，在学术界享有盛誉，他本人却低调谦虚，喜欢平常人的恬淡生活。

蝉鸣悠悠的夏日，记者来到薛祖德教授在上海的家中。两小时的谈话，不见官僚之气，质朴却又不乏深情。交谈过程中，老人精神矍铄，语调平和，谈话间言语亲切，却自然有一股学者之风。就在这娓娓叙述中，名师师道纤毫毕现。

淡然处世　自有丘壑

"师道"大体上可分为两个方面，即为人之道与为学之道。师者，人师也，学师也；为人之师，为学之师。为人之道与为学之道应当合而为一，这也就是中国传统所倡扬的德业双修，人文并重，学行相掩。一个师者是德业双馨、人文俱佳、学行一致的人，教育的目的也就达成了一半。

从薛祖德教授的学生口中，我们知道了他在讲堂上与生活中的大不一样。或许他不太爱说话，在学者圈里不算活跃，也没有很大的政治抱负。可一到课堂上，他便激情万丈，三尺讲台是他论剑的舞台。他不饰浮华，只追求"科研、教学两肩担"的质朴；他淡泊浮名，只愿求桃李芬芳、问心无愧。熟悉薛祖德教授的人都知道，他是一个不愿出风头、不愿宣传自己的人。面对我们的采访,他总说:我一生平淡,没有什么值得书写的大事。

马克思曾经说过:"如果你想感化别人,那你就必须是一个实际上能鼓舞和推动别人前进的人。"是的,薛祖德教授一生专注于学问,甘于淡泊,白首未改此心。他的治学亦如此,不求新、不求奇、不媚俗、不趋时,发现问题,解决问题,做最平实的学问。在喧嚣与浮躁中,他一直保持着朴实的学者本色,孜孜以求,专心治学。

从薛祖德教授的回忆里,我们无法得知具体到哪一年、哪一月发生了哪些令人感触的大事,也无法探寻他是如何度过那些困难的时期。我们能够知晓的是,60年前的某一天,有个年轻的学生在清华大学的实验室里认真做着实验,有个老师在上海第二工业大学的书房孜孜不倦,做着自己的研究。"如果说这个世界上有一种事业,能够在你做好本职工作之外带给你远超付出的回馈的话,教育事业绝对当之无愧。"而这份历久弥坚的事业,对于薛祖德教授来说,是一个郑重的承诺,履行承诺的时间。

淡然如他,虚怀若谷,岁月的痕迹只是留在头上斑斑白发。

求学问道　双校情结

1932年5月,薛祖德教授出生在江苏无锡一个经商家庭。与很多孩子相比,他的童年是不幸的:3岁时母亲去世后,父亲再娶,11岁时父亲因病去世,留下亲兄弟姐妹5人,同父异母的兄弟姐妹3人。

父亲去世后,年幼的薛教授曾得过一次肺病。为了更好地照顾侄儿,姑妈在苏州的孤儿院为他找到了居身之所,一住就是半年多。辗转来回,他最终回到无锡求学,住在外婆家。恰逢战乱时期,哥哥只能每年给外婆送几袋米作为生活费,这一晃就是3年多。

之后,学习成绩优异的他,考入上海中学就读高中,兄姐们为他承担了学费和生活费。时常变化的生活环境,使他从小就养成了勤勉、努力、克制的良好习惯,一直保持着朴素的本色。凭着勤奋好学的精神和顽强的毅力,年轻的薛祖德顺利考入上海交通大学机械工程系,开始了机械工程的学习和训练。

1953年,薛祖德教授进入清华大学学习,就读机械制作专业研究生。求学期间,与一批来自全国各地的优秀学生,一起接受苏联专家的系统讲学。1956年,薛祖德教授成为两名留校任教的毕业生之一,与教育结下了不解之缘,成了清华大学机床液压传动方面的一名教师,找到了自己愿意为之付诸一生的事业。与此同时,他和一群志同道合的伙伴,共同进行着液压传动与控制学科领域方面的研究。这样一干就是20年。

"文革"期间,10年浩劫。许多学者被迫走下讲台,这其中也包括了薛祖德教授。而他的人生轨迹,也就是在这样的一个时代背景下悄然改变了。1976年1月,薛祖德教授回到上海,被誉为"全国半工半读的一面红旗""成人教育的排头兵"的上海第二工业大学聘请为"液压传动"专业的老师,他又将满腔热情投入到教学与科研工作中。

在此之前,薛祖德教授已经是我国最早参与数据加床研究制作工作者

清华百年周年校庆,薛祖德与老同学相聚合影

之一。"四人帮"粉碎后,他从清华大学调回上海工作,满足了二工大的教学需要,扎根于上海第二工业大学,以自己的青春无怨无悔地投入到教学、科研、高校管理等各项事业之中,努力奉献人生,并做出了突出成绩。

1980年,他被评定为副教授;1983年至1985年,任上海第二工业大学科研处处长;1990年,晋升为正教授,并主持组建了新专业"机电一体化",一直管理该专业的教学与科研工作,直至1997年退休。

立于学术　授以真知

新中国成立后,百废待兴,祖国亟待培养自己的学科专家。

肩负着党和国家的期望,薛祖德与清华大学同仁一起研制数控机床,这是全国的首次研制试验。然而,正值大跃进时期,尽管声势造得很大,但却存在着种种客观问题。直到1965年左右,才有了较成熟的工厂研制数控机床,仍没有正式推广,无法投入生产,试验宣告失败。这是时代的遗憾,也成了薛祖德教授心里难以释怀的一件事。

来到上海第二工业大学之后,他把更多的心思放在了高等教学研究和学术研究上。大学的教学和人才培养与科学研究有着紧密的联系。教学能推动科研的发展,科研又能促进教学质量的提升,教学与科研相辅相成、协调发展。没有高水平的科研支持,就不可能有高水平的教学和高质量的人才培养。

在承担繁重的教学任务的同时,薛祖德教授还积极从事科研工作,在"自激式液压振动器""人工关节实验机控制系统"等领域也有研究。发表论文"自流气式液压振动器的初步分析""一种基准负载特性的控制算法""一种液压振动器的研究"等十余篇。

"科学与实践相结合,不管什么时候,我们要脚踏实地地搞研究。"校训里的六字真言"厚生、厚德、厚技",就是像薛祖德这样的老一代二工大人的真实写照。

1983年至1985年,任上海第二工业大学科研处副处长期间,薛祖德教授集中了多位学科带头人，下设研究室，取得了一些学术成果，成为学校学术研究的重镇。在此期间，薛祖德教授在教书育人方面亦取得的不少成就，这与他的科研和学术水平密不可分。他立于学术的前沿，又以科研支撑、反哺教学和人才培养，有力地促进了教书育人工作。

为了推动液压传动与控制学科的深入发展，薛祖德教授曾受委托编写有关教材。1986年，薛祖德教授主编的第一版《液压传动》（中央电大出版社出版）。此版教材体系清晰、由浅入深，按照顺序编排，印刷量大，影响较广。1995年，根据形势需求，薛祖德在第一版《液压传动》的基础上对内容进行了改进，扩充了液压控制内容。

他渊博的学识，敏锐的问题意识，深沉的历史感，宽广的学术视野，"兼两""尚杂"，尊重"一偏之见""相反之论"的包容情怀，不惧权威、服膺真理的理论勇气，这些是一个优秀教师所应当具备的。

乐在教学　耕耘其田

作为学者，薛祖德教授在专业研究上的学术地位毋庸置疑。而作为一个师者，他又用自己的行动诠释了什么是师者典范。正如薛教授自己所说，教书、育人，正是自己的责任与义务。这么多年以来，学生们都尊敬他，因为他做了该做的一切。

薛祖德教授早已把教书育人融入自己的骨子和血液里。在教书育人的世界里，他行在其中，乐意悠悠。"只有这样，才能在教学中真正给学生传授各种知识、技能，才能有效地培养学生的实践能力，从而促进学生的全面发展。"他说。

液压传动等基础课程对于刚开始的学生来说，相对比较难，薛祖德教授以他丰富的实践经历和理论功底，给他们一遍又一遍不厌其烦地讲解知识要领，分析内在规律，直到同学弄懂为止。

长期的教学生涯，薛教授早已习惯穿梭于各个教室，一节接着一节地进行授课。热爱教育事业的他从不觉得课程多是一种麻烦。相反，他却享受这个过程。他说:"一个教师最大的价值就在于可以把自己获取的知识传授给学生,可以用自己的人格魅力去影响学生。"教育是无止境的,而他所做的都是自己的本职工作。做人低调的薛祖德教授就是这样,只知默默奉献,从不张扬。

在薛教授看来,教书育人,不在于讲多少的空话,而在于以身作则。"这是在教学中已经体现出来的。你是非常谨言的,你就会给学生一种谨言的影响。你不需要再多讲。多少年以后,学生还想得起,影响就在那儿了。"对于薛祖德教授而言,培养学生要兼顾两点。一个是平均水平要高,另一个是要有一批拔尖的人才。对于底子好的学生,一定要给他创造好的条件。但因为并不是所有进来的学生都有这个条件,教学还是要面向大众的。

当时,学校按苏联的模式教学,教学方面主要特点是内容系统、注重基础、专业细分、与生产实际相结合。为结合实际,学生有两次实习,到工厂里进行生产实习,以及去研究单位进行毕业实习,结合生产一线实际

只要身体条件允许,薛祖德都会赴约老同学的聚会

题目来做毕业设计。当时教学风气很好，薛祖德教授亲自带学生到工厂实习，为了更好地交流教学经验，老师中间也采用"师傅带徒弟"的模式。

不久后，薛祖德教授也发现了"全盘苏化"有一定局限性。苏联模式系统严格，但是对于理科如数学物理的教导相对薄弱，专业分得早且过于细化以至于扼杀了创新。很快，学校推进了课程改革，学科专业合并优化，课程从注重精深向面向生产转化，适用性比较广。

为了更好地适应社会发展，薛祖德教授在上海第二工业大学主持组建了理工科新专业——机电一体化。作为学科带头人，薛教授深知肩上的责任。组建一个从无到有的学科，需要花费更多的时间用于研究学科内容与教学方式。即便现在这个专业的名称变了又变，但不变的是，这个专业创建的先驱者们。

薛祖德教授非常重视发挥在教学和科研方面对青年教师的传帮带作用。他把学院的青年教师推向教学的最前沿，与他们合编教材，共同申报校级、区级和国家级精品课程，推举他们为课程或项目负责人，鼓励他们积极参加国内外教学和学术会议，让他们直接与著名专家学者合作交流。由此促进了青年教师教学和科研水平的提高，使青年教师很快成长起来，成为学科的中坚力量。

在为师育人的生涯里，他体会到要想给学生一碗水自己就要有一桶水的道理。1989年，他曾赴英国利兹大学作访问，进一步深入了解了国外本学科领域的最前沿动态。

"薛教授总是给人一种谦逊、朴实的感觉。他严谨的治学态度和对工作一丝不苟的精神感染着我们，为我们树立了榜样。"他的学生如是说。

冀望后学　砥砺而行

薛祖德教授在教育生涯中，治学严谨，注重言传身教，致力于为国育英，培养了一大批学有专长的学生。很多学生已成为相关用人单位的业务骨干。每逢节日，还会收到一些来自学生的祝福。这些，都是对他付出的见证。

"液压传动技术是机械科学技术的一个分支,它的发展需要机械及其他门类学科的发展来推动,它的发展也能推动工业系统的整体发展。它有其独特的优势与劣势,和其他技术一样,需要不断地设计应用修改和完善。"他希望有更多的青年后生,能够在学科研究方面有所建树:"要更加主动地思考,拓展创造性思维。要主动地汲取知识,而不是被动地等待'填鸭',这样才会使科研成为自己的乐趣,才会让自己走得更远!"

随着教育改革,当代大学生的生存环境更加复杂。薛祖德教授从他的角度给出了对当代大学生的建议,他认为,大学生还是要首先通过努力学习提升自己的理论和知识水平,并借助学习过程中的机会拓展自己的眼界,锻炼自己的思维,在可能的情况下,多多了解社会和行业发展的现状及趋势,为之后的职业发展以及创业做好准备。

桃李不言,下自成蹊。拥有让人羡慕不已的技能才华,却为人十分低调的薛祖德教授总是说自己并没有什么过人之处,不值得褒奖,总是说自

薛祖德前几年身体还硬朗的时候特地与老伴去爬长城

己还有很多要学习还有很多要改进。

但是，从薛祖德教授身上，我们看到了坚韧勤奋，看到了淡泊奉献，看到了崇高的平凡，看到了一个教师坚定而热忱的责任感和使命感。三尺讲台，平凡坚守，这便是一个平凡而又伟大的老教授所追寻的科研梦、教育梦。

如今，薛老住在学校分配的老房子里，过着最真实的生活，一只猫，一本书，还有爱人忙碌的身影。

詹 静